COURS
DE PHILOSOPHIE HERMÉTIQUE
OU
D'ALCHIMIE

AF166178

EN DIX-NEUF LEÇONS,

Traitant de la théorie et de la pratique de cette science, ainsi que de plusieurs autres opérations indispensables, pour Parvenir à trouver la Pierre Philosophale, ou transmutations métalliques, lesquelles ont été cachées jusqu'à ce jour dans tous les écrits des philosophes hermétiques.

SUIVIES DES EXPLICATIONS DE QUELQUES ARTICLES

DES CINQ PREMIERS CHAPITRES DE LA GENÈSE,

par Moïse ; et de trois additions

PROUVANT TROIS VIES EN L'HOMME,
ANIMAL PARFAIT,

Ouvrage nouveau et curieux, et très nécessaire pour éclairer tous ceux qui désirent pénétrer dans cette science occulte, et qui travaillent à l'acquérir ;

OU CHEMIN OUVERT
À CELUI QUI VEUT FAIRE UNE GROSSE FORTUNE.

Par L. P. François CAMBRIEL,

De Saint-Paul de Fenouillet, département des Pyrénées Orientales ; Né à la Tour de France, le 18 novembre 1764 ; et ancien fabricant de draps, à Limoux, département de l'Aude.

Dominus memor suit nostri ;
Et benedisit nobis.

Ouvrage fini en janvier 1829, et du règne de Charles X,
Roi de France, la cinquième.

1843

L'auteur n'a pas cru devoir faire précéder d'une préface, ce Traité et Cours d'alchimie, ni devoir dire les raisons qui l'ont obligé à le rendre public.

Il n'a pas cru non plus devoir le dédier à personne ; ne désirant pas, comme nombre d'auteurs, se faire prôner ni appuyer par le crédit de quelque grand personnage.

À qui pourrait-il dédier cette clé d'alchimie, pour donner une marque de sa reconnaissance ? À un homme !.. Il n'en a trouvé aucun qui ne fût incrédule, [7] dur, inhumain, fourbe et flatteur : tous n'ont cherché qu'à le surprendre, pour lui enlever le secret des secrets.

Il n'a toujours trouvé que des hommes peu portés à l'aider ou à lui être utiles, pour finir son travail alchimique : il n'a donc aucune marque de reconnaissance à donner à personne.

Pour remplir justement et complètement ce devoir sacré de reconnaissance, il doit dédier à Dieu, auteur de tout don, ce présent *trésor de philosophie hermétique* : science qu'il ne tient que de lui seul.

Les envieux, après avoir lu cet ouvrage, se mettront en colère ; parce qu'ils n'auront pas pu parvenir eux-mêmes à ce degré de bonheur, et ils croiront ne pouvoir pas mieux se venger de leurs infructueuses recherches qu'en invectivant la créature favorisée et en faisant passer la science hermétique pour fausse ; ils se dessécheront de rage ! ils mourront !.. Et l'alchimie restera.

Mais le philosophe reconnaissant, qui a toujours mis sa confiance en Dieu, et qui ne l'a obtenue qu'à force de persévérance et de prières, l'en remerciera et le bénira tous les jours de sa vie, de ce qu'il a bien voulu lui donner une aussi grande marque de son amour. De l'avoir sorti de l'état d'humiliation, de misère et de privations dans lequel il était resté grand nombre d'années, et de l'avoir fait triompher de tous ses ennemis, ainsi que de tous les hommes orgueilleux et parents incrédules qui l'avaient complètement méprisé, abandonné !

Si quelque amateur d'alchimie, après avoir attentivement lu les dix-neuf leçons suivantes, en formant le cours complet, le reconnaît pour un... (comme il pourra en juger par la théorie et la pratique que son ouvrage renferme) et désire lui parler, qu'il veuille s'adresser à l'imprimeur du présent, qui lui donnera son adresse, ou à M. Rivet, rue Judas, n° 8, Montagne-Sainte-Geneviève.

ABRÉGÉ DU GRAND ŒUVRE

Celui qui, par un travail un peu long et fatigant, pourra parvenir à extraire des métaux, leur terre rouge feuillée : et saura, par un moyen naturel (connu aux seuls philosophes hermétiques), la joindre à l'eau mercurielle purifiée, pour la rendre toute, *terre fluidificante* ; et que pour finir et compléter son œuvre, il pourra, par le moyen du feu, et par *sa vertu*, congeler et rendre en pierre ces deux eaux réunies : celui-là peut se vanter d'avoir fait une grande découverte ; d'avoir trouvé une chose très précieuse, et d'une plus grande valeur que tout l'or du monde, et que toute autre chose : puisqu'il aura trouvé la *médecine universelle* (principe de tout ce qui a vie) avec laquelle il peut se tenir toujours en bonne santé, et prolonger ses jours de beaucoup.

Les moyens de parvenir à obtenir cette précieuse découverte sont complètement montrés et expliqués dans les dix-neuf leçons suivantes : il faudra donc les lire, et les relire souvent, et avec beaucoup d'attention.

PREMIÈRE LEÇON

En juin 1819, Louis-Paul-François Cambriel fit insérer, dans *les Petites Affiches*, un avis, semblable à celui qui est à la fin du présent traité, intitulé (*Offre d'un grand bénéfice*), et il en reçut, en réponse la lettre dont copie est ci-après :

Signée, E. B. K.

Paris, le 19 juin 1819.

« Monsieur, »

« Une personne qui a quelques notions de chimie, ayant pris connaissance : »

« 1° De l'avis inséré sous le n° 8056 des *Petites Affiches* du 18 courant, offre de faire la somme demandée ; mais elle y met pour condition, que le bénéfice proposé, ne soit que du remboursement du principal prêté : plus une somme égale au principal : le tout à obtenir dans deux ans ; »

« 2° Que l'auteur de la découverte énonce, dans une lettre qu'il adressera à Mr E. B. K., chez le limonadier du café des Arts, n° 9, rue du Coq-Saint-Honoré ; l'objet précis de sa découverte, ainsi que les principes chimiques sur lesquels elle repose ; »

« 3° Le prêteur s'engage dès à présent, et il est prêt à mettre sous la meilleure forme ledit engagement, pour la sûreté de l'auteur de la découverte, et à ne pas faire maintenant, ni à l'avenir, et sous aucun prétexte, aucune révélation, aucun emploi de ladite découverte. »

« Si sous ces clauses, l'auteur veut répondre à la personne susdite, il peut adresser sa lettre comme ci-dessus : et si après les premières ouvertures, l'auteur et prêteur conviennent entre eux des susdites propositions ; ils pourront se mettre en communication personnelle et intime. »

« J'ai l'honneur de vous saluer, »

« E. B. K. »

Copie de la lettre de Louis-Paul-François Cambriel à Mr E. B. K., qu'il a crû être un philosophe hermétique, en réponse à la sienne du 19, et par laquelle, il veut lui prouver, qu'il est dans le cas de remplir l'offre qu'il a faite par des *Petites Affiches*.

Paris, le 24 juin 1819.

« Monsieur, »

« Je m'empresse de répondre à la lettre que m'a fait l'honneur de m'écrire Mr E. B. K., et je tâcherai (quoique n'ayant jamais appris la chimie dans les écoles) de lui prouver la possibilité de la transmutation métallique, tant discréditée. »

« Je crois que (si j'ai bien pris le sens de sa lettre) c'est tout ce qu'il exige de moi ; du moins quant à présent, sauf à remplir à notre première vue toutes les autres conditions qu'il pourrait désirer.

« L'objet et la découverte même, est comme je le dis ci-dessus, la *pierre philosophale*, à laquelle je suis parvenu, avec l'aide de Dieu, le secours d'un ami, et par un travail pénible et continué pendant vingt-sept ans[1]. »

---

1. Je commençais mes recherches alchimiques la même année que le général Buonaparte revint d'Égypte, et détruisit le Directoire qui avait pris pour principe d'appauvrir et d'affaiblir la France, et d'humilier les Français que ce grand homme, avant son départ pour l'Égypte, avait laissé couvert de gloire. — Après trois ans passés environ, ce grand homme étant arrivé à Paris par miracle, fit cesser le mal, toutes nos défaites, et rejeta avec usure, sur tous nos ennemis coalisés, les humiliations dont ils nous avaient abreuvés pendant son absence. — Il fut nommé premier consul, monta une forte armée, et redonna à la France, que le malheureux Directoire avait réduite à deux doigts de sa parte, sa première gloire, et comme nation le premier rang. — Il traversa le mont Saint-Bernard avec la forte armée qu'il avait rassemblé au

camp de Dijon, attaqua et détruisit l'armée autrichienne à la bataille de Marengo. — Victorieux comme il l'avait toujours été, treize ou quatorze places forte d'Italie lui furent remises, et nous, Français, nous fûmes pour la deuxième fois maître de ce beau pays. — Après cette grande victoire, je me rendis pour la deuxième fois à Paris pour y continuer mon ouvrage alchimique, et j'y restai assez longtemps pour être témoins du grand amour et confiance que les Français avaient pour ce grand général, dont la majeure partie la portèrent jusqu'à le proclamer *empereur des Français*, titre dont il s'était rendu digne. — Je fus présent à son couronnement, à son mariage avec Marie-Louise d'Autriche. J'y étais aussi pendant que ce général (valeureux comme il n'y en a jamais eu) a remporté nombre de victoires sur les armées de Prusse, d'Autriche et de Russie, et mis les Français à un si haut point de gloire, que la France, qui avait été vendue, trahie par le Directoire, fut si agrandie pat lui-même que ses limites allaient depuis Naples, Trieste, Venise, Rome, Gènes, jusque y compris la Hollande, et à un tel point de prospérité et de gloire, que toutes les nations désiraient d'être nos alliés et nos amies, et souhaitaient faire partie de ce vaste empire. — Triomphante et richissime, la France n'avait été portée à ce haut point de triomphe que par le courage, le talent et l'amour que ce grand général portait aux Français, et auquel ils devaient leurs richesses, et qu'une trop forte ingratitude envers lui nous prouve combien le Français est léger et peu reconnaissant. — Il avait comblé de fortune la ville de Paris, et quand les ennemis coalisés se sont présentés sous ces murs, c'est cette même ville qui l'a abandonné. — Il n'a été trahi en France que par ceux qu'il avait trop comblé de biens, et par les Anglais chez lesquels il s'était rendu, et ce par l'abus des lois établies dans ce pays, qu'ils n'auraient jamais transgressées, et desquelles le plus pauvre matelot anglais aurait joui, furent méconnues par cette nation en faveur de l'homme qui s'était mis avec trop de confiance entre leurs mains, et que par la suite de cet abus fut déporté à l'île de Sainte-Hélène, où il y fut continuellement maltraité par le gouverneur Udson Low, et dans laquelle il a fini ses jours ! — Mon désir à moi est que Dieu le récompense de tout le bien qu'il nous a fait, ainsi que de celui qu'il avait, l'intention de nous faire. — *Amen.*

La veuve du marquis Duchilau, ancien amiral de France, m'a raconté plusieurs fois l'anecdote suivante.

Lorsque l'empereur Napoléon se rendit en Angleterre, accompagné de plusieurs de ses généraux, il crut prudent de les laisser pendant 48 heures, et de se rendre, sans leur faire part de son dessein, avec un seul d'eux dans une campagne où s'était retiré le marquis Duchilau, ancien amiral de France.

Ce dernier fit quelque difficulté de le recevoir, à cause des Bourbons auxquels il tenait beaucoup ; mais voyant que Napoléon persistait à vouloir lui parler, il y consentit.

Étant ensemble, l'Empereur lui dit : Honnête amiral, la confiance que j'ai en vous m'a fortement porté, avant de me rendre en Angleterre, à venir vous consulter pour savoir de vous, qui avez combattu pendant nombre d'années cette nation et qui la connaissez parfaitement, si je dois me mettre ou non entre leurs mains, et si on me fera jouir de l'avantage de leurs lois, notamment de celle de l'*habeas corpus* ? C'est ce que je désire savoir ; j'ai laissé mes

« Il s'agit de faire par un travail de vingt-quatre mois, une poudre rouge comme le coquelicot *ou poudre de projection* qui, comme la fleur à cailler le lait, opère sur le mercure vulgaire chauffé dans un creuset, le même effet que la fleur à cailler fait sur le lait : et dans une heure, une pincée de cette poudre rouge comme une prise de tabac mise dans ledit creuset (dans lequel on aura mis quatre livres de mercure), le caillera ou le fixera et le réduira en or le plus fin à vingt-quatre carats et plus, ce qui paraîtra extraordinaire, même impossible, quoique naturel et très vrai. »

« Pour faire cette poudre rouge *de projection*, il faut (ce qui paraîtra impossible à tout homme, quand il jugera de l'alchimie comme en jugent le commun des hommes) parvenir à force de travail à mollifler et à rendre en eau, par une solution naturelle, une pierre, qui, quoique composée de deux, même de trois, n'est toujours qu'une, et laquelle par une destruction réitérée : lavages, sublimations, mêmes distillations, donne le *soufre rouge* ou *corps fixe*, coagule essentiel (ou le livret d'or du Trévisan, philosophe hermétique) qui se réduit en eau

---

amis pour venir vous consulter sur ce que je dois faire : parlez-moi franchement. — En homme franc, lui dit l'amiral, je vous dirai que vous ne devez pas vous rendre chez des gens qui abuseront de votre confiance. Vous êtes leur ennemi, ne comptez pas sur leur générosité, renoncez à votre projet, tel est mon conseil : je ne saurais vous en donner un meilleur. — Que ferai-je donc ! Où dois-je me rendre, dites-le moi ? — Il faut vous rendre à Bordeaux. Je vais vous donner une lettre pour un capitaine de vaisseau ; c'est un homme qui me doit la vie ; sans moi, il aurait été pendu. Changez de costume et rendez-vous promptement chez lui. Je le charge de vous conduire en pleine mer et de vous mettre dans le premier vaisseau que sans doute il trouvera ; lequel vous transportera en Amérique, vous seulement. C'est un homme discret, vous n'avez rien à craindre ; il fera tout pour moi, en reconnaissance du service que je lui ai rendu : c'est le seul moyen de vous mettre à l'abri des Anglais, qui ne suivront aucune loi en votre faveur.

Napoléon reçut avec plaisir ce conseil et quitta l'amiral, très décidé à le suivre. S'il l'avait suivi, que de désagréments il se fût épargné. Sans doute, ceux qui l'accompagnaient crurent trop à la générosité anglaise et le persuadèrent à s'en aller à Londres, comptant toujours sur l'entière exécution de leur loi. »

Français crédules et confiants, fiez-vous à cette nation ! Comptez sur la générosité anglaise !.... C'est à Sainte-Hélène qu'on vous en donnera les preuves ! C'st dans cette île que le gouverneur en a fait complètement jouir l'*empereur Napoléon*.

par ladite solution. — Ce qui nous donne *l'eau double, l'eau animée, le rebis des philosophes hermétiques*, enfin le *mercure philosophal*. »

« Mais on ne peut parvenir à acquérir cette eau divine qu'en mettant le corps fixe dans sa propre terre ou molle montagne, dont parle Sendivogius autre philosophe hermétique (bien préparée par un long et pénible travail), et après avoir beaucoup souffert par le feu des cuisines. — Alors seulement on est parvenu à faire remonter l'eau vers sa source et à faire rentrer l'enfant dans le ventre de sa mère. »

« La fable nous apprend que Vulcain surprit dans son filet Mars et Vénus en adultère. — Si le philosophe hermétique ne fait pas comme Vulcain, et s'il ne l'emploie pas dans son opération, jamais il ne parviendra à obtenir *la pierre des philosophes*, dont il ne saurait se passer. »

« Il faut donc qu'il tende son filet, et qu'il sache profiter du seul moment propice pour surprendre et attraper les adultères, parce qu'il doit savoir qu'il n'y a qu'une heure pour cela, laquelle passée il ne faut pas en attendre une autre à sa place (dit Zachaire, autre philosophe hermétique de France). Alors on n'attrape plus rien, et les amoureux se détruisent et s'évaporent. »

« Quand une fois l'eau animée est faite, et qu'elle a acquis sa perfection par l'union des éléments principiants, et le pouvoir de revenir en terre par la vertu qu'elle a acquise, produite aussi de l'union qui s'est opérée naturellement des éléments principiés, contenus et cachés dans les natures, et par l'alliance du *feu naturel* avec le *feu innaturel*, laquelle alliance nous a procuré l'eau tant désirée, renfermant en elle un troisième feu, nommé *feu de contre nature*, portant avec lui tous les principes de la vie, acquise et manifestée par l'effet de la fermentation ; enfin l'eau double et la réunion première des eaux supérieures avec les eaux inférieures contenues dans les métaux. — Et comme tout dans ce monde manifeste ses qualités par l'odeur qui s'en exhale, que la rhue et la rosée répandent une odeur différente, que l'ail et l'oignon répandent une odeur très forte, de même notre eau répand aussi une odeur très forte qui annonce sa perfection et sa fin, ce qui nous réjouit. Et c'est alors et à ces signes que nous sommes convaincus que cette eau parfaite nous donnera dans l'espace de neuf mois l'enfant tant désiré qui viendra avec des joues très vermeilles, et qui chassera dans une heure la lèpre des métaux (après qu'il aura pris un peu de force) en les rendant semblables à lui et éclatants comme lui. »

« C'est là la véritable poudre de projection, qui, à sa sortie, rendra des services bien plus grands en guérissant les créatures malades, et leur rendant la vigueur de la jeunesse. C'est là le véritable ennemi de toutes les maladies dont l'homme se trouve attaqué, soit par celles produites par sa mauvaise manière de vivre, soit par celles qu'il apporte en naissant ou originelles, lesquelles ne nous viennent ainsi qu'aux métaux qu'à cause de la première désobéissance. Ce qui ne serait pas, si notre première mère, Ève, s'était contentée de ne manger que du fruit de l'arbre de vie, au lieu de manger et de s'unir à celui qui devait la conduire à la mort. »

« Cet arbre de vie qui porte de si bon fruit, n'est produit que de cet arbre double, *nommé l'arbre de la science et d'alliance, du bien et du mal* ou composé de deux, l'un bon, l'autre mauvais ; l'un fixe, l'autre fuyant ; l'un dur, l'autre cassant ; l'un blanc, l'autre rouge ; l'un mâle, l'autre femelle ; enfin matière et forme. — Et tout cela cependant ne fait qu'un, et n'est produit que d'un ; mais en lui sont *les deux natures*, les *trois principes*, les *quatre qualités*, et contient aussi en lui le *principe universel*, cet *esprit divin* dont le Tout-Puissant s'est servi pour former et créer toutes choses, qui, lors de la séparation du premier chaos dont il faisait partie, et d'après l'ordre et volonté du Tout-Puissant se mouvait sur les eaux inférieures, et ne demandait qu'à exécuter et à remplir la bénédiction et volonté du Créateur : croître et multiplier. »

« Mais avant que d'obtenir ce cher enfant, il faut que notre œuvre passe par toutes les couleurs, que la putréfaction fasse paraître la noire (marque certaine de la réussite), et que la blanche, la verte, la jaune et la rouge se succèdent, et que dans l'intervalle de l'apparition de toutes ces couleurs, et avant la deuxième et dernière réunion des eaux supérieures des métaux avec les eaux inférieures (qui avant étaient séparées par le firmament des philosophes hermétiques), la rosée de mai vienne humecter notre embryon et le disposer à cette parfaite réunion, d'où résultera la *médecine universelle* ou panacée et la *poudre de projection.* »

« Voilà, mon cher monsieur, ce qu'un philosophe hermétique peut écrire de sa science pour répondre à l'honneur de votre lettre. »

« J'y ajouterai cependant que, si on ne sait pas unir les corps parfaits par le nombre mystérieux des philosophes[2] l'ouvrage ira fort mal, et il y aura ou trop, ou trop peu de sécheresse, et le mariage (pour former cette union) n'étant pas fait selon les règles de la nature, le produit ne remplira jamais les désirs du philosophe labourant, il y sera donc pour la perte de son argent, de sa peine et de son temps. »

« Si ce que j'ai dit est un peu trop obscur, et qu'on ne puisse pas bien se fixer pour commencer, qu'on fasse le dur mol et le mol dur. »

« Ou bien : qu'on prenne la terre fixe ou l'or *mâle*, et qu'on lui fasse des ailes pour la réduire en eau volatile ; puis, que par un long temps on parvienne à fixer cette eau volatile, et à la rendre en terre comme nous l'enseigne notre père Hermès (à quoi on parviendra en lui administrant une chaleur au même degré qu'est celle de l'homme). »

« Ou bien, qu'après une longue coction on parvienne à lui couper les ailes et à l'empêcher de voler, alors on verra la fin de son ouvrage, et il ne faudra qu'en augmenter la quantité et la vertu, à quoi on parviendra en la remettant plusieurs fois dans la même terre d'où elle a pris naissance. »

« Les désirs du philosophe labourant seront alors accomplis, puisqu'il possédera tout. »

« Et si Dieu, très bon et très grand, donne à l'homme (comme j'en suis convaincu par moi-même)[3] une aussi grande marque de son amour, qu'il l'en

---

2. Ce nombre n'est qu'un assemblage de V à C et V.

3. Jamais je ne serais parvenu à trouver les opérations nécessaires et indispensables pour faire la *pierre philosophale*, et me procurer la médecine universelle (moi qui ne connaissais rien en chimie). Si Dieu, qui dans tous les temps de ma vie, m'a donné des marques de son amour, ne m'avait inspiré en trois différentes fois, et à quatre années de distance d'une inspiration à l'autre, la manière de bien faire l'opération alchimique que j'ignorais, et que je n'aurais jamais pu trouver de moi-même, si une voix forte (qui toujours était précédée d'un fort coup de

vent à mon oreille droite), et que pour la première fois j'ai fort bien entendue, étant dans mon lit & sept heures du matin (réfléchissant sur mon ouvrage que je ne pouvais continuer) ne m'était venue redresser en me disant : *Il faut s'y prendre de telle manière.* Je suivis l'inspiration, et l'opération que j'ignorais se faisait parfaitement bien.

Cette inspiration qui fut la première, ne me vint qu'après avoir été consulter les trois plus grands chimistes de Paris, qui ne purent me donner le moyen que je leur demandais. — Cela m'arriva dans la maison de madame la veuve Brocard, rue des Boucheries-Saint-Germain à Paris.

La deuxième inspiration, fut précédée comme la première, par un fort coup de vent à mon oreille droite : ce fut en plein midi, et dans le fond d'une diligence, entre Lyon et Paris, où je me rendais pour y continuer mon ouvrage alchimique. — Je fus averti de cette manière : *Tu te trompes, les livres hermétiques disent comme cela.*

Et la troisième inspiration, qui fut plutôt une vision, vint m'éclairer quatre ans après dans la maison de madame la veuve Maçon, rue Mazarine, n° 60, au jeu de paume. — L'opération et la perfection du travail que je faisais se présenta devant mes yeux, et mon odorat, par l'odeur qui s'en exhalait, me prouva (comme il est dit dans Nicolas Flamel de Paris) qu'elle était bonne et bien faite, et me donna la conviction que j'étais parvenu à la fin de la première partie de mon ouvrage alchimique ou de la pierre du premier ordre, ce qui me réjouit beaucoup. J'ai donc raison de dire, que je suis convaincu par moi-même de l'amour que Dieu accorde à ses créatures.

Pour convaincre ceux qui me liront, que je n'écris aucun mensonge dans ce présent *Traité d'alchimie*, je joindrai à la note ci-dessus une autre grande marque d'amour que Dieu a eu la bonté de m'accorder pendant mon enfance, de laquelle je n'ai parlé à personne, et que je crois être obligé de faire connaître à mes semblables.

Tableau fidèle principe premier ce qui a été créé, des perfections de Dieu, créateur de l'univers, et de mouvement, par conséquent de la vie, de tout mis à la vue des hommes par sa créature.

LOUIS-PAUL-FRANÇOIS CAMBRIEL.

Plusieurs de ceux qui liront ce tableau, pourront et croiront avoir le droit de dire que ce tableau n'est pas fidèle comme je le dis.

Comment ledit Cambriel a-t-il pu supposer et se convaincre de la vérité des perfections du Tout-Puissant ? A-t-il été au ciel ? Quelque esprit céleste l'a-t-il instruit ? Cela ne paraît pas possible.

Je répondrai à ces observations que je dis la vérité, mais que je ne veux pas dire comment je l'ai apprise cette vérité.

À une époque de ma vie, Dieu qui m'a toujours donné des marques de son amour, a voulu que je fisse le tableau fidèle de ses perfections corporelles quant à la vue, mais spirituelles quant à lui.

Il a voulu que j'en fusse convaincu moi-même, pour pouvoir convaincre ceux qui me liront, que Dieu est comme l'homme, comme sa créature.

Nous sommes donc, comme il est dit dans les Écritures-Saintes, créés à l'image et à la ressemblance de Dieu, et nous devons nous en glorifier, et ne pas en douter par trois raisons : la première, parce que l'enfant ressemble toujours en tout & son père ; la deuxième, parce que nous avons été créés immortels comme lui ; et la troisième, parce que notre corps est plus parfait dans son intérieur que dans son extérieur, et que nous avons eu en nous un corps immortel, lequel n'est devenu mortel que par la première désobéissance, une âme immortelle, faisant partie de la divinité même, et un esprit terrestre, alliant l'âme céleste au corps terrestre formant la créature, et unissant par sa médiocrité le haut avec le bas, le céleste avec le terrestre.

DIEU EST d'une taille et corpulence comme pourrait être l'homme le plus parfait, ayant six pieds six pouces de taille, proportionné dans toutes les parties qui le composent, mais toujours en plus de perfections que l'homme le plus parfait que je lui compare.

Il est majestueux, sa peau est de la couleur de la flamme d'une bougie ; ses pieds, ses genoux, ses cuisses, ses mollets sont si parfaits, que quoique j'en dise, je serai toujours en dessous pour en pouvoir représenter la perfection.

Les ongles de ses pieds sont d'une beauté incomparable, le plus bel ivoire ne peut pas leur être comparé.

Les mollets de ses jambes sont si beaux, si parfaits, et comme il est tout esprit, je voyais à travers comme à travers le cristal le plus clair.

Mais ce qu'il y a de plus beau dans toute cette beauté de perfections réunies, c'est l'arrangement des muscles qui le forment. Ils sont arrangés comme des petites poires, de trois en trois, deux haut et un bas ou au milieu des deux premiers, et dans chaque muscle on ne voit qu'un mouvement continuel de rayons de lumière gazeux, qui se croisant dans tous les sens et sans se séparer, montant et descendant, forment et font apparaître un million de perfections dans l'intérieur de chaque muscle.

De cette manière, que le Tout-Puissant, d'après mon idée, mon jugement, d'après ce que j'ai vu, est tout mouvement, sans cependant se bouger, tout perfections, tout vie.

Il est principe de mouvement, par conséquent principe de la vie de tout ce qui a été créé, et de tout ce qu'il voudra créer encore. Telle est mon idée sur les perfections de Dieu, et on ne pourra se faire un tableau plus fidèle, plus vrai de ce que j'avance, qu'en examinant les perfections intérieures de sa créature, de ses enfants.

D'après le tableau fidèle des perfections de Dieu, nous ajouterons trois mouvements.

Le premier mouvement est Dieu même, créateur de l'univers. Il est le principe premier de la chaleur, et la chaleur le principe de la vie de tout.

Le deuxième est le mouvement élémentaire. Il est multipliant, et aidé par les rayons solaires ou troisième mouvement, il met en fermentation toutes les semences ; des trois règnes, et ne se manifeste que par leurs productions et croissance ; il participe et dépend du premier, il sera tant que le monde durera.

Le troisième mouvement est le mouvement des rayons du soleil, aidant et fortifiant toute créature affaiblie par la vieillesse.

Le premier mouvement est éternel comme Dieu, son principe.

remercie toujours. qu'il lui en rende de continuelles actions de grâce, et qu'il tâche de s'en rendre toujours digne par une bonne conduite, en tendant une main secourable à tous ceux qui en auront besoin et qui le mériteront. — Loué soit Dieu tout puissant qui n'abandonne jamais celui qui met sa confiance en lui. »

Si par ma présente réponse (quoique très embrouillée et très claire en même temps) j'ai pu satisfaire la personne qui a eu la bonté de m'écrire, qu'elle veuille me répondre et me donner son adresse, ainsi que le jour et l'heure auxquels je pourrai avoir une conférence philosophique avec elle ; par ce moyen, il me sera facile d'aplanir les doutes qui pourraient rester (que je n'ai pu éclaircir par la présente), et parvenir à fixer son opinion sur celui qui a l'honneur d'être son très humble serviteur,

Louis CAMBRIEL. »

Les deux autres en dépendant ne seront que tout autant que le Créateur tout puissant le voudra. Ce qui fixera la fin des temps et le commencement de l'éternité.

Le froid, produit du repos, est l'opposé des deux derniers mouvements ; il est le principe de la mort, et la démontre partout où il domine.

DEUXIÈME LEÇON

Passant un jour devant Notre-Dame de Paris, j'examinais avec beaucoup d'attention les belles sculptures dont les trois portes sont ornées, et je vis à l'une de ces trois portes un hiéroglyphe des plus beaux, duquel je ne m'étais jamais aperçu, et pendant plusieurs jours de suite j'allais le consulter pour pouvoir donner le détail de tout ce qu'il représentait, à quoi je parvins — Par ce qui suit, le lecteur s'en convaincra, et mieux encore en se transportant de lui-même sur les lieux.

À l'une des trois grandes portes d'entrée de l'église Notre-Dame, cathédrale de Paris, et sur celle qui est du coté de l'Hôtel Dieu, se trouve sculpté sur une grosse pierre au milieu de ladite porte d'entrée, et en face du Parvis, l'hiéroglyphe ci-dessus, représentant le plus clairement possible (pour ceux qui savent expliquer les hiéroglyphes) tout le travail, et le produit ou le résultat de la pierre philosophale. — Cet hiéroglyphe a été sculpté lors de l'érection de cette belle église, fondée par Guillaume, évêque de Paris, et je vais expliquer le mieux qu'il me sera possible pour me rendre utile, et aider les amateurs de la philosophie hermétique, et me faire connaître à mes semblables.

I

Au bas de cet hiéroglyphe, qui est sculpté sur un long et gros carré de pierre, se trouve au côté gauche du côté de l'Hôtel Dieu, deux petits ronds de pleins et saillants, représentant les *natures métalliques brutes* ou sortant de la mine (qu'il faudra préparer par plusieurs fusions et des aidants salins).

II

Du côté opposé sont aussi les deux mêmes ronds ou *natures*, mais travaillées et dégagées des crasses qu'elles apportent des mines, lesquels ont servi à leur création.

18

III

Et en face du côté du Parvis, sont aussi les deux mêmes *ronds* ou *natures*, mais perfectionnés ou totalement dégagés de leurs crasses par le moyen des précédentes fusions. Les premières représentent les corps métalliques qu'il faut prendre pour commencer le travail hermétique.

Les deuxième travaillées, nous manifestent leur vertu intérieure, et se rapportent à cet homme qui est dans une caisse, lequel étant entouré et couvert de flammes de feu, prend naissance dans le feu.

Et les troisièmes perfectionnées ou totalement dégagées de leurs crasses, se rapportent au dragon babylonien ou mercure philosophal, dans lequel se trouvent réunies toutes les vertus des natures métalliques.

Ce dragon est en face du Parvis et au-dessus de cet homme qui est entouré et couvert de flamme de feu, et le bout de la queue de ce dragon tient cet homme, pour désigner qu'il sort de lui et qu'il en est produit, et ses deux serres embrassent l'athanor pour désigner qu'il y est ou doit y être mis en digestion, et sa tête se termine et se trouve dessous les pieds de l'évêque.

Il ne faut pas croire que ce soit un cadavre dans une bière, si c'était ainsi il serait couché à plat, au lieu que celui-ci est presque droit et est entouré et couvert de flammes de feu.[4]

Je dirai donc que de cet homme qui à pris naissance dans le feu, et par le travail des aigles volants représentés par plusieurs fleurs formées de quatre feuilles jointes dont est entouré le bas de sa caisse, et est produit le dragon babylonien dont parle Nicolas Flamel, philosophe hermétique de la ville de Paris ; ou le mercure philosophal.

Ce mercure philosophal est mis dans un œuf de verre, et cet œuf est mis en digestion ou en longue coction dans l'athanor, ou fourneau terminé en rond

---

4. Il faut que je fasse observer à tous ceux qui voudront pénétrer dans ce qui est caché en cet homme, que sur la caisse dans laquelle il est entouré et couvert de flammes de feu, sont sculptés en long les *quatre éléments*, et au côté droit ou derrière la même caisse sont sculptées aussi en long les natures qui les contiennent. — Il est donc produit de ces deux natures qui contiennent les quatre éléments.

ou voûte, sur laquelle sont placés les pieds de l'évêque, et dessous lesquels (comme je l'ai dit) se trouve la tête du dragon[5] — De ce mercure il résulte la vie représentée par l'évêque qui est au-dessus du dit dragon.

Et pour prouver que c'est réellement cela, je dirai que si c'était un évêque (et non une ressemblance ou démonstration de la vie), on l'aurait placé de manière que ces pieds fussent posés à plat et sur un terrain plat, et non sur la voûte ou dôme qui couvre l'athanor. — Il est donc représenté comme sortant de l'athanor ou fourneau de lampe, dans lequel le mercure philosophal a été mis en digestion.

Cet évêque porte un doigt à sa bouche, pour dire à ceux qui le voient et qui viennent prendre connaissance de ce qu'il représente : Si vous me reconnaissez et devinez ce que je représente par cet hiéroglyphe, taisez-vous ! N'en dites rien ! — Il a donc représenté tout ce qui était nécessaire, ainsi que toutes les opérations manuelles pour pouvoir parvenir à faire la pierre philosophale ; mais il n'a rien représenté de ce qui regarde la multiplication de cette divine pierre. — Comme lui je me tairai, je n'en dirai rien.

Je dirai seulement que le résultat de l'ouvrage de l'alchimie est la vie même, et que cette vie est représentée (comme il est dit ci-dessus) par l'évêque qui est placé sur la voûte de l'Athanor.

La pierre philosophale (qui n'est aujourd'hui regardée que comme une folie aux yeux d'un grand nombre d'hommes) ne peut se faire que par la réunion du sang (ou esprits métalliques) contenu dans les natures. Pour l'obtenir, il faudra (comme il est dit par Nicolas Flamel) égorger, assassiner plusieurs innocents[6] pour tirer d'eux, et le pousser de puissance en acte, ce sang vital dont nous avons besoin, lequel nous devons mettre (après qu'il aura été séparé et bien dépuré de ses parties charnelles ou terrestres) dans des bouteilles à long

---

5. Autour de cet Athanor (qui est porté sur quatre colonnes et où est cramponné le dragon babylonien) se trouve sculpté en long les *deux natures*, et dessous les *trois principes*, et devant la *quintessence des quatre éléments*, et le *mercure philosophal* (représentés par ce dragon qui les contient), lequel par leur union en a été produit.
6. Je parle des métaux ayant vie.

col, pour parvenir à obtenir de lui la panacée et la poudre de projection que nous désirons, laquelle nous ne pourrons posséder qu'après avoir égorgé plusieurs innocents.

TROISIÈME LEÇON

M de Gabriac, sous-préfet du Vigan, département du Gard, étant à Paris, allait chaque soir à la société de M. le ministre, le comte de Cases. Là se trouvaient réunis plusieurs solliciteurs de places, et en attendant de les obtenir, ils s'entretenaient toujours de la pierre philosophale et des moyens de grossir leur fortune ; goût que le besoin fait naître chez tous les hommes. Il me fit part de leur conversation, et me dit : Il n'y a que vous qui puissiez me dire les preuves que je dois fournir pour me défendre, et pour prouver à l'un, l'existence de la *pierre philosophale* ; à l'autre, qui n'en doute pas, ce que c'est que la *transmutation métallique* ; *l'or potable*, et autres termes qui nous embrouillent, et qui portent le plus grand nombre de cette société à douter de la vérité de cette science. — Puisque la vérité n'est qu'une, et qu'en lisant les livres hermétiques, on y voit que les philosophes traitant de cette science, se servent de plusieurs noms au lieu de ne se servir que d'un seul pour exprimer la même chose. — C'est ce qui fait qu'on s'égare en causant de cette science, et qu'on finit par en douter. — Quant à moi, j'y crois fermement par tout ce que vous m'avez dit dans le temps. — Je lui répondis tout ce que je vous dirais pour convaincre ces Messieurs de la vérité de la pierre philosophale ; vous l'oublieriez : je vais vous écrire une lettre avec laquelle vous vous défendrez, et vous en prouverez la réalité, ainsi que les grandes vertus qu'elle a en elle. — Ce que je fis de suite.

À M. *de Gabriac, sous-préfet du Vigan, département du Gard, présentement à Paris.*

Paris, le 2 février 1820.

Monsieur,

Vous trouverez ci-bas les termes techniques dont les philosophes hermétiques de tous les pays se sont servis, et qu'ils ont généralement reconnus entre eux pour désigner (quoique en des langues différentes) le travail hermétique et son produit, dit généralement *pierre philosophale*, ou *pierre occulte* : et autant que mes connaissances dans cette science me l'ont pu permettre. Qui sont :

1° Pierre philosophale, ou pierre occulte ;

2° Médecine des trois règnes, ou médecine universelle ;

3° Transmutation métallique ;

4° Or potable, ou panacée.

Premier état.

Par le mot pierre philosophale, ou pierre occulte : ces mêmes chimistes, dans tous leurs ouvrages traitant de cette science, ont entendu désigner les matières et les opérations que nécessite la chimie hermétique, dont le but est d'obtenir par un travail long et fatigant, une poudre rouge (dans laquelle réside la vertu de fixer le mercure), ou un or exalté : comme serait l'eau-de-vie réduite et poussée aux trois-six ; eu égard au vin, son principe ou véhicule.

Deuxième état.

Cette poudre rouge a plusieurs noms et propriétés, et dans le deuxième état parfait (qui est toujours, ainsi que nous l'avons dit, un or exalté), prend celui de médecine des trois règnes, ou de médecine universelle : et est généralement reconnue ainsi par tous les philosophes hermétiques.

Troisième état et premier emploi.

Quand le commun des hommes parle de la pierre philosophale, on entend parler de la transmutation métallique, ou de l'élévation des métaux ordinaires en or parfait. — Les philosophes hermétiques ne désignent cette opération, ou premier emploi, que par le mot transmutation métallique. — Et c'est toujours cette même poudre rouge (qui alors prend le nom de poudre de projection, ou de médecine des métaux) qui est le principe et le ferment de la transmutation métallique, laquelle conserve toujours le nom de médecine des trois règnes, ou de médecine universelle. — Cette opération ne demande qu'une heure.

Quatrième état et deuxième emploi.

Dans le deuxième emploi elle prend le nom d'or potable et de panacée, ou de médecine universelle des animaux et des végétaux. — Et c'est toujours cette même poudre rouge (à un degré connu aux seuls philosophes hermétiques), qu'on délaye dans un demi-verre d'eau, ou autre véhicule, et qu'on donne au malade (ou qu'on verse sur la racine de la plante), par la vertu de laquelle on parvient à le guérir de quelque maladie qu'il se trouve attaqué : ce qui paraît impossible quoique très vrai.

Dans ce quatrième état et deuxième emploi, le malade est guéri dans un jour ou un mois, suivant la gravité de la maladie.

Cette divine panacée fait encore plus : elle met l'homme âgé, décrépit, qui en use pendant un temps connu aux seuls philosophes, dans un état de santé et de force complètes ; elle lui rend sa jeunesse et sa fraîcheur, et elle le rétablit dans un état parfait : c'est-à-dire dégagé de tout germe de maladies.

Dans ce quatrième et même état, employées sur le végétal, certaines plantes poussent dans vingt-quatre heures, feuilles, fleurs et fruits en parfaite maturité : ce qui doit être regardé comme un miracle de la nature.

Donc les mots :

1° Pierre philosophale, ou pierre occulte ;

2° Médecine des trois règnes, ou médecine universelle ;

3° Transmutation métallique ;

4° Or potable, ou panacée : sont les mêmes et désignent le travail et le produit du magistère des philosophes hermétiques, ou du grand œuvre : la chose même et ses vertus.

Il n'est donc pas étonnant que les hommes qui ignorent le travail de l'alchimie confondent les mots dont les adeptes se servent et se serviront toujours pour désigner la *pierre philosophale et sa vertu* dans le règne ou elle est employée. — Cela ne peut être exactement expliqué et désigné que par les vrais philosophes hermétiques. — Toute autre personne (quoique très savante dans les autres sciences) ne peut que s'égarer dans celle-ci, de laquelle les philosophes hermétiques n'ont écrit et parlé que par des énigmes, et d'une manière toujours très obscure. — Voilà, mon cher monsieur et ami, ce que je puis vous dire pour éclaircir et bien appliquer à chaque état et emploi de la pierre philosophale ses noms propres (ainsi que les vertus de la *médecine universelle*) confondus généralement par tous les hommes.

Je vous salue,

L. CAMBRIEL.

QUATRIÈME LEÇON

De la fermentation métallique, de ses besoins, et des grands avantages qu'elle produit.

Sans la fermentation, la semence des métaux n'acquerrait pas la vertu de se multiplier : elle est donc indispensable. — C'est elle qui, dans le règne végétal développe et manifeste la vertu vitale et végétative : sans cette vertu aucun des deux règnes végétal et animal ne pourrait ni naître, ni se multiplier. — Le règne minéral n'y parvient que par l'aide et le secours de l'artiste, dont il ne peut se passer, n'ayant pas de mouvement visible.

Il faut donc que l'artiste, labourant à l'œuvre d'alchimie, ne manque pas à la fermentation, et ne croie pas pouvoir s'en passer. — Il doit se convaincre que tout sperme, toute semence, de quelque règne qu'ils soient, ne peuvent produire leurs semblables, et pousser leur germe qu'à l'aide de la putréfaction qui met la semence à même de pouvoir se développer. — Il faut que l'artiste examine le grain de blé et des légumes, il faut que l'artiste examine le grain de blé et des légumes, qui quoique que mis en dans la terre, qui est leur matrice, leur mère : s'ils ne s'y gonflent et ne se pourrissent pas, jamais leur germe vital ne poussera, ne se manifestera pour produire leurs semblables et les multiplier. Un homme savant, l'abbé Sausse, chapelain de Louis XVIII, roi de France, dont je fis de la connaissance, travaillait depuis plus de trente années à la pierre philosophale : il était comme le plus grand nombre des chercheurs qui se figurent toujours avoir réussi ou espèrent d'y parvenir. Cet abbé était parvenu à rassemblé beaucoup de rayons du soleil céleste, ayant la couleur et la sécheresse de la forme métallique. Surpris d'une pareille ressemblance avec le livret d'or du Trévisan je me pus m'empêcher de lui témoigner mon étonnement de sa découverte ; le reconnaissant le plus avancé de tous ceux qui travaillaient à découvrir la pierre philosophale, et celui qui s'en était le plus approché : de quoi et il fut très satisfait.

En homme vrai, je ne pu m'empêcher de lui dire : mon cher abbé, c'est parce que vous avez trouvé cela, que vous ne parviendrez pas à finir la pierre philosophale.- Et pourquoi non, me répondit-il, si comme vous le dites, j'ai déjà les rayons solaires, qui sont la *forme* et le *mâle*, sans lesquels on ne peut féconder la matière féminine pour parvenir à faire la pierre philosophale. Je lui dis, vous vous trompez : et pour vous convaincre, mon cher abbé, que vous êtes dans l'erreur, faites bien attention à ce que je vais vous dire. La pierre philosophale ne peut se faire sans le mâle et la femelle métallique (et des aidants) qui en sont les deux natures. Mais il faut, comme au règne animal, que ses deux natures opèrent conjointement, et unissent leurs feux dans la même seconde pour produire l'enfant orifique qui doit sortir d'elles ; et que l'union de leurs semences, il résulte un troisième produit que nous nommerons *humide radical ;* après qu'il aura été nettoyé été de ses impuretés et qu'il leur aura acquis par la fermentation la vertu désirée, sans laquelle la semence masculine et la matière féminine restent froides et engourdie, et ne peuvent manifester la vie qui est en elles ; ni cette vertu multiplicative qui n'est visible aux philosophes hermétiques que par les yeux de l'esprit de l'imagination.

Ce que je vous dis mon cher abbé, vous contrarie ; mais je me suis fait un devoir de dire la vérité, et je ferais toujours de même.

Pour vous donner une preuve de ce que je vous dis, et de la sincérité de mes observations je vais vous en faire un tableau facile.

Supposons qu'un homme se fut mis dans l'esprit de pouvoir parvenir à engendrer son semblable, en s'y prenant autrement que l'on ne doit s'y prendre naturellement, et que pour y parvenir, il fût allé à Versailles chercher et se procurer de la semence masculine, laquelle il aurait bien reçu et mise dans une bouteille. — Et pour se procurer la matière ou semence féminine, il fut allé la chercher à Fontainebleau. — Et qu'ayant porté à Paris et dans son logement, les semences *des deux natures*, il se fut figuré en obtenir un enfant par leur réunion seule sans cette vertu indispensable, essentielle pour l'engendrement, qui ne peut, comme nos l'avons déjà dit, y être introduite par la fermentation, la-quelle ne se manifeste qu'après l'union des deux semences mises dans la même seconde, dans la matrice de leur règne.[7]

C'est donc la fermentation qui ajoute à cette confection ou compost ; cette vertu générative et multiplicative qui ne peut y être ajouté que par cette seule matière. — Alors seulement cette réunion des deux semences se nomme *première matière*.

Convaincu par mon observation qu'il était dans l'erreur, et qu'il était bien loin d'avoir ce qu'il désirait ; il me pria, me supplia de lui dire et de lui donner le moyen de pouvoir parvenir à bien faire cette réunion, pour obtenir cette vertu que l'on ne peut avoir autrement. Je lui répondis que j'étais venu pour le voir, que je ne lui demandais aucun de ses secrets, et que je ne pouvais pas lui donner le mien.

Ce qui le désola et le dégoûta pendant plusieurs mois du travail alchimique.

Je lui dis ; cependant, travaillez toujours, ne vous écartez jamais du règne métallique, suivez la nature qui, toute puissante qu'elle est, ne peut rien faire, rien produire dans aucun des trois règnes sans la vertu fermentative qui est des moyens dont elle se sert : lequel dans le règne animal seulement (après avoir donné aux natures l'existence, la vie temporelles, la seule que la nature leur donne),[8] les facilite, les aide, et met à même de pouvoir d'elle-même parvenir à

---

7. On reconnaît la fermentation bonne et véritable dans le règne métallique, par l'odeur forte qui s'en exhale. Et dans le règne animal, elle se manifeste chez les femmes, nouvellement fécondée, par une envie de cracher, et quelque fois de vomir continuelles ; par des faiblesses et des maux d'estomacs, occasionnés par les vapeurs qui s'élèvent dans leur matrice ; enfin, par une indifférence totale d'elles-mêmes et de tout goût précèdent.

8. L'homme a deux vies en lui : la première, terrestre et végétative (de laquelle je traite), par conséquent sujette à périr : elle lui vient de ses père et mère. La deuxième, céleste, divine, par conséquent éternelle, comme son auteur. La première finit un jour par la séparation des mêmes éléments qui l'ont produite ; ce que je nomme mort corporelle, ou cessation de vie visible. La deuxième, que l'auteur de toutes choses envoie à la créature après qu'elle a été conçue et formée dans la matrice humaine, par la vertu de la semence masculine, est immortelle. Elle part de ce foyer de lumière pour venir s'unir à ce corps nouvellement formé ; et

se multiplier. Ce qui n'arrive pas de même aux autres deux règnes, puisqu'ils ont besoin d'être aidés par l'homme. C'est donc la fermentation seule qui la procure cette vertu, et qui facilite à la forme métallique renfermée dans les métaux (après qu'elle en est extraite et mise dans sa propre terre ou matrice), le moyen de manifester le pouvoir que Dieu lui a donné de féconder la matière féminine, de la faire croître et de la faire multiplier. Mais il faut distinguer le degré de cette fermentation, et pour ne pas s'en écarter dans ce travail, il faudra bien réfléchir sur ses trois différents degrés ; lesquels sont très bien expliqués dans le 3ᵉ volume des *Fables égyptiennes et grecques dévoilées*, par Pernety.

La note ci-dessus me fait naître le désir de voir rendre par le gouvernement une ordonnance qui définit expressément d'enterrer personne sans que la putréfaction du corps se fût manifestée. Alors on serait bien convaincu que les

---

pour le faire participer à la gloire céleste, comme créature formée à l'image et à la ressemblance de Dieu ; et pour nous faire, des petits Dieux, sans cependant que cette séparation de la lumière et don de Dieu diminue en rien sa *puissance*, sa *vertu*, sa *perfection*. Elle est comme une bougie allumée qui ne perd jamais sa clarté, quoiqu'elle donne et communique sa lumière à un million d'autres bougies ; qui comme la première, peuvent la communiquer, la multiplier à l'infini. Telle est l'idée que j'ai pu me faire de la Divinité ; laquelle étant toute lumière, n'en perd jamais une étincelle quelques dons qu'elle en fasse. La première vie de l'homme est *un esprit terrestre*, la deuxième est *un esprit céleste*. Toutes les deux constituent par leur réunion un corps animal parfait. Et quoique le corps de l'homme soit animé célestement, il est condamné à finir. Cependant le corps matériel de l'homme ne laisse pas que de garder toujours en lui une petite partie de cette immortalité que Dieu accorda à la nature humaine lors de la création ; et que nous n'avons perdue que par la première désobéissance, laquelle petite partie d'immortalité se montre (quand le corps de l'animal, parfait ou imparfait est mis dans la terre), par la production que tout le corps mort manifeste à par l'effet de la corruption, soit en vers qui ont vie, soit en herbes, dont d'autres animaux se nourrissent, ce qui a donné naissance à la métempsycose. L'immortelle ne quitte le corps de l'animal parfait et ne se sépare pas de lui ; tant que celui-ci garde en lui une petite partie de cette vie terrestre, végétative ou première vie, qui est le résultat et production du deuxième degré de la fermentation ou de la putréfaction des semences qui la contenait ; et un esprit produit par les éléments, lequel sert de milieu entre *le corps matériel humain*, et *l'âme divine* qui lui donne la perfection. C'est donc cet autre esprit terrestre (que l'on nomme, dans tout animal imparfait, *iustinel*), qui unit le *corps humain matériel*, *périssable*, avec l'âme *divine*, *éternelle* : le *haut* avec le *bas*, le *céleste* avec le *terrestre*, ce qui ne se voit que dans le règne animal, et en l'homme seulement. Les autres animaux n'ayant que la vie végétative, et esprit terrestre, ou *instinct*, sont privés de cet avantage.

éléments *terre* et *eau* qui constituaient le corps, se sont séparés de ceux *air* et *feu* qui l'animait, et qu'il n'y a plus en lui de vie terrestre, végétative, laquelle servait de lien et unissait le corps matériel périssable avec l'âme immortelle, divine, ainsi qu'il a été dit ci-dessus.

Par cette précaution l'homme ne serait pas exposé à être enterré vivant : ce qui arrive quelques fois à ceux qui meurent subitement par quelque attaque d'apoplexie ou autre.

On a vu des hommes qu'on a exhumés vivre encore plusieurs années en bonne santé, ainsi que d'autres qui, ayant été enterré vivants, ont été trouvés s'étant rongé et mangé les poings.

Il y a 80 ans dans un hôpital de village, un malade qu'on crut trépassé et sur lequel on avait jeté un drap, fut visité six heures après par une dame charitable qui lui jetait de l'eau bénite dessus : celui-ci lui dit : quelle bonne âme vous envoie ici pour me rendre à la vie !…Ce qui étonna beaucoup la dame charitable.

Une autre résurrection ou empêchement de mourir moins ancienne est arrivée au sieur Candy, lyonnais, lors de son premier voyage à Paris, il était âgé alors de 18 ans, et avait une danseuse de l'Opéra pour maîtresse : une maladie le prend, il devint si mal que les assistants le voient mort. — Sa bonne amie, désolée de sa perte, va trouver M. Leriche, maréchal-ferrant et philosophe hermétique, rue du Faubourg Saint Antoine, près de l'Abbaye, qu'elle savait avoir fait revenir d'autres personnes à la vie ; le sollicite, le prie de venir donner ses soins, ses secours à son ami décédé ; il le lui promet, et se rend de suite à la maison du mort. Étant au moment de monter l'escalier, une personne qui le descendait lui dit : M. Leriche, il est inutile de monter, il est mort depuis six heures. — Puisque je suis ici, répondit M. Leriche, je vais monter ; ce qu'il fit : vit le cadavre, le toucha et le trouva froid dans toutes les parties de son corps, sauf au creux de l'estomac où il trouva encore un peu de chaleur : alors il dit, il y a encore de l'espoir. — Vite, il fait faire un grand feu, prépare le tout, donne ses soins, chauffe le corps et l'oint en entier de la médecine universelle dissoute dans de l'esprit de vin, et une heure et demi après avoir opéré de même, présente un miroir à la bouche du prétendu mort, lequel fut couvert et taché de son haleine et souffle : ce qui lui fit dire, il vivra. — Fait chauffer le lit, et quand le malade eut donné une plus forte marque de retour à la vie, il l'y fit mettre dedans. — Continue à lui administrer intérieurement un peu de médecine universelle qu'il lui fit avaler, et l'homme qu'on eut enterré dix huit heures après fut rétabli en vie. Depuis il se porte bien, et aucune maladie sérieuse ne l'a atteint. Il a 84 ans, et habite pour la deuxième fois Paris depuis 40 ans. Son corps sans doute fortifié par la médecine universelle ; fut mis et se tient encore dans un état de santé parfaite.[9] On peut se convaincre de la vérité de ce que j'avance en se transportant place du Chevalier du Guet, N°6, ou ledit ressuscité demeure. On le trouvera exerçant le métier de mécanicien, et on saura du sieur Candy lui-même la vérité ; il se fera un plaisir de la raconter, il y ajoutera même des choses très curieuses et relatives à ma narration concernant M. Leriche, maréchal-ferrant et philosophe hermétique, ainsi que le motif qui causa la mort du fils de ce dernier.

Si le corps du sieur Candy eût été sans une petite partie de cette vie terrestre végétative, la vie céleste n'y eût pu rester, et la médecine universelle qui lui fut administrée par le philosophe n'eût rien opéré : parce qu'il est de principe fondamental que la vie n'opère que sur la vie en l'augmentant, et jamais sur un corps mort, par conséquent privé de cet esprit terrestre, élémentaire, ou première vie.

---

9. Le corps du sieur Candi, par la grande vertu de la médecine universelle, fut si fortement dépuré de tout germe de maladies, et tellement fortifié, que dans les deux voyages qu'il fit en Turquie et en Égypte, quelques années après, il y fut atteint deux fois de peste (ayant été mis avec des pestiférés), et il en fut guéri sans prendre aucun remède. Il a encore tous ses cheveux noirs, quoique âgé de quatre-vingt-quatre ans.

CINQUIÈME LEÇON

Des principes visibles nécessaires pour l'œuvre, de la destruction desquels on compose un chaos.

PREMIER CHAPITRE

I. Le sel, le soufre et le mercure métallique. — *Ils doivent être purifiés par eux-mêmes.*

II. Le mâle, la femelle, et le sel nitre fondant et dépurant. — *Lisez avec sagesse.*

III. La pierre des philosophes ou leur composé. Fondement de la pierre philosophale. — *Détruisez, dépurez et unissez, alors vous aurez la pierre des philosophes.*

IV. Le chaos humide, ou tous les éléments seront confondus. — *Desséchez-le ; faites les sortir par ordre, et faites en une nouvelle pierre.*

La matière première de la pierre philosophale ne s'obtient que par l'union des esprits contenus dans les corps métalliques : je veux dire, que la perfection de la chose qui pourra parfaire toutes choses vient de l'union et de la purification des esprits contenus dans les productions laissées imparfaites par la nature.

C'est donc dans les corps parfaits que tu trouveras, si tu sais ouvrir les métaux, cette semence première, contenant l'esprit universel de la pierre philosophale. — Que Vulcain soit de la partie, il te sera utile ; mais cependant méfie t'en, car il pourrait abuser de ta confiance si tu la lui accordais entièrement ; sois donc très réservé avec lui.

DEUXIÈME CHAPITRE

Des trois manières d'opérer, nécessaires pour parvenir à parfaire l'œuvre hermétique

On parviendra à finir cette divine œuvre, en suivant exactement les trois manières suivantes d'opérer :

La première consiste à réduire une pierre, ou l'or philosophique, en eau : parce que dans toute génération les semences de tous les trois Règnes, ne représentent qu'humidité et tiennent plus de l'élément de l'eau, que des trois autres.

La deuxième consiste à parfaitement dépurer le produit des matières, principe de toute saleté.

Et la troisième consiste à faire la coction du mercure philosophal dans un vaisseau rond à long col, hermétiquement fermé, par élixation et assation.

Quand les métaux philosophiques, le soleil et la lune, seront réduit en eau mercurielle et qu'on aura bien nettoyé cette eau de toutes fèces, on la mettra en digestion dans un athanor et on y administrera le feu convenable, en se conformant à la troisième manière d'opérer. — Tout consiste donc à réduire les métaux philosophiques en eau, et puis, par une longue digestion, à réduire cette eau en pierre, d'où elle a pris son origine : voilà sa fin.

TROISIÈME CHAPITRE
D'où il faut partir pour commencer le travail d'alchimie

La meilleure manière de procéder, pour arriver avec moins de difficulté à trouver la pierre philosophale, c'est de partir d'un principe connu, pour pouvoir arriver à l'inconnu que nous cherchons : qui est la *médecine universelle* et la *poudre de projection* ; et ce sera toujours en vain qu'on travaillera pour y arriver, si l'on part d'un principe inconnu.

Il faudra donc partir d'un bon chemin, qui est le principe connu, pour pouvoir arriver au but inconnu auquel on désire parvenir. — Le bon chemin n'est guère suivi. Plusieurs ce ceux qui travaillent à la pierre philosophale se figurent qu'ils y arriveront sans connaître les principes nécessaires, ou les deux serpents hermétiques qui seuls contiennent et sont à la base de la semence première des métaux. — Le connu, sont le *mâle* et la *femelle métalliques* ; l'inconnu, c'est la *médecine universelle* et la *poudre de projection*. — Et c'est où veulent arriver les chercheurs sans prendre aucune peine : à quoi ils ne parviendront jamais, tant qu'ils ne partiront pas du principe connu qui est le seul moyen pour pouvoir arriver à l'inconnu, qui est l'ouvrage fini.

QUATRIÈME CHAPITRE
Des deux voies : sèche et humide

Quand les philosophes hermétiques parlent de deux voies, pour faire l'œuvre, ils n'entendent pas qu'il faille en choisir une des deux, comme font beaucoup d'amateurs qui se figurent que l'une est plus longue que l'autre. — Mais bien, ils montrent que l'ouvrage doit se commencer par la voie humide, en réduisant les métaux philosophiques en eau ; et qu'il faut le continuer et finir par la voie sèche, en réduisant cette eau (qui est devenue première semence) en pierre. — À quoi on parvient par le moyen du feu extérieur qui aide et excite le feu intérieur, ou de *contre nature*, et le met à même de réduire cette eau en pierre, en la desséchant par sa chaude vertu.

Mon but, en faisant ce Cours d'alchimie, n'a pas été de mettre les amateurs dans l'erreur ; différent dans ma manière d'écrire, de celle de mes prédécesseurs, je ne présenterai pas deux voies, comme ils ont fait, ou bien deux chemins différents pour arriver au même résultat : mais bien un seul. — Et quoique les philosophes disent qu'il y a deux voies ou moyen pour y arriver, il ne faut pas cependant prendre pour vrai tout ce qu'ils disent : ils ont des raisons pour parler ainsi ; ils ne peuvent ne doivent s'expliquer clairement, parce que la science doit être tenue cachée. Moi-même je la cache aussi ; et quoique cela, je suis très convaincu que je m'explique trop clairement : ce qui me fait craindre qu'un jour mes semblables me feront des reproches de ce que j'ai écrit.

CINQUIÈME CHAPITRE
Des opérations nécessaires pour parvenir à bien faire la séparation, et réunion des principes pour l'œuvre

La fusion, les mariages, la pulvérisation, la distillation, le blanchiment, la sublimation et la calcination, ainsi que la séparation et réunions des principes, ne désignent pas toujours une entière opération de l'œuvre ; mais bien une partie, et sont indispensables pour parvenir à la bien finir. — Donc le vaisseau, le *mâle* et la *femelle*, le corps et l'esprit, la chose sèche qui doit être ramassée et ce qui doit la contenir, ne sont pas toujours des choses séparées : les philo-sophes hermétiques savent les unir et les séparer suivant le besoin du moment. Mais parce que le travail est trop long en faisant les opérations ci-dessus sépa-rément ; et qu'on pourrait l'abréger de beaucoup en faisant deux opérations en même temps, et qu'on pourrait l'abréger encore davantage en faisant trois ou quatre par une seule (à quoi je suis parvenu, après avoir travaillé longtemps pour en trouver le moyen qui m'a bien réussi). J'invite ceux qui travaillent et cherchent à découvrir cette belle science, à trouver ce moyen ; et s'ils y par-viennent, alors il leur sera facile de faire parfaitement le magistère. — Mais il faut qu'ils fassent attention que les chaux, métaux, sels, esprit et soufres, que pendant quatorze ans j'ai quelquefois préparés et purifiés séparément (ce qui m'obligeait à me servir de plusieurs fourneaux en même temps), ne se séparent et ne s'évaporent pas ; je les avertis de ne faire sous le vase, les contenant, qu'un feu qui convienne aux différentes matières y réunies. — Voilà le seul moyen d'abréger et de le bien faire.

SIXIÈME LEÇON

PREMIER CHAPITRE
Montagne philosophique

Il est essentiel de la voir ou de se la représenter, et plus encore d'y pouvoir monter. — Il faut donc que, pour pouvoir achever l'ouvrage hermétique (qui est un don de Dieu), le philosophe parvienne à y faire monter, promener et sauter ses aigles volant. C'est sur cette montagne, que les aigles ou oiseaux hermétiques se dépouilleront de leurs mauvaises plumes et y acquerront un plumage tout blanc, un peu doré en dedans. Amenons-y donc nos oiseaux ; faisons-les y monter par gradation, et ne permettons pas qu'ils s'éloignent les uns des autres. Si nous parvenons à pouvoir leur faire parcourir ladite montagne jusqu'à son sommet et à les en faire descendre lentement, nous serons bien près de la fin de notre ouvrage (puisque alors seulement ils seront parvenu à blanchir parfaitement leurs ailes, qui serviront de draps et de lit dans lequel doivent coucher les époux hermétiques, (*Apollon* et *Diane*), et notre bonheur n'en sera que la suite et la fin ; c'est par la patience et l'aide de Dieu qu'on y parviendra.

DEUXIÈME CHAPITRE
Des chaos métalliques contenant les principes de l'œuvre

Les alchimistes, pour ne pas s'égarer dans le long travail du grand œuvre, sont obligés à reconnaître et composer plusieurs chaos, et à se diriger d'après le nombre. Et c'est presque toujours de leur destruction, composition et coction d'un seul, que doit sortir leur élixir (leur médecine) ; lequel ne peut être parfait s'il ne réunit en lui les quatre qualités des éléments, ni nous donner cette médecine divine, qu'après avoir passé par toutes ses couleurs, dont chacune marque la dénomination d'un élément particulier dont il doit être composé. — Les premiers se composent de la destruction des corps ou métaux parfait, du soleil et de la lune, qui dans cette opération doivent être détruits séparément, et les autres, après avoir été réuni en un seul corps. — Les seconds se composent de la parfaite purification des premiers et de leur union avec leur esprit. — Les premiers sont ordinairement secs, chauds. — Les seconds sont presque toujours humides. Et c'est de leur parfaite purification, alliance et réunion des quatre éléments, que dépend la réussite de notre ouvrage hermétique.

TROISIÈME CHAPITRE
Aigles volants de l'œuvre

Nous diviserons les aigles volants en plusieurs parties.

Les premiers comme préparatoire,

Les seconds comme essentiels,

Et les troisièmes comme finales : par conséquent indispensables.

Par ce détail nous pourrons parvenir à convaincre les amateurs labourant à l'œuvre, comme nous le sommes nous-mêmes, que l'ouvrage de l'alchimie ne saurait parvenir à sa perfection sans ces trois manières d'opérer. — Elles doivent donc être égales, progressives et lentes. — Enfin, il faut que le philosophe hermétique, labourant, se pénètre bien que la réussite de son ouvrage alchimique en dépend.

QUATRIÈME CHAPITRE
Conduite et proportion à garder pendant la pratique

En employant les matières, on fera bien attention à la quantité, qualité et pureté ; et on suivra par entier, demi, fraction, etc., augmentations, additions, lavages, regrattement des crasses, et on n'emploiera que de l'eau pure, nette, et l'on fera sécher la pâte blanche au soleil et sur du papier blanc très propre.

On fera beaucoup d'attention aux détonations que notre matière occasionnera par la séparation des principes (séparation nécessaire) que le feu sera faire, et l'on aura soin de ne le pousser toujours que jusqu'à la fusion, ou bien quelquefois à la parfaite siccité de la matière restant dans le vase servant à l'opération : c'est essentiel. Et on se rendra compte de la perte, diminution, ou augmentation de la matière restante, par le moyen des balances dont on ne pourra se passer et qui doivent être toujours en permanence.

SEPTIÈME LEÇON

PREMIER CHAPITRE
Des éléments principiants et des éléments principiés

Les philosophes hermétiques, différents des philosophes de l'école et des chimistes, n'admettent et ne reconnaissent que quatre éléments : *la terre, l'eau, l'air* et *le feu* ; et sont convaincus que ce sont les éléments principiants. De ces quatre éléments principiants, il en résulte les éléments principiés, ou les trois principes, qui sont : *le sel, le soufre* et *le mercure*. Et de ces trois réunis, le mercure parfait, ou la *première matière des métaux*.

De ces trois principes, (qu'il nous arrive souvent de toucher avec nos mains), la nature en forme les deux natures ; le *mâle* et la *femelle*, et ces deux derniers, dans quelques opérations du travail hermétique, manifestent le sel et le soufre métalliques, dont ils sont composés ; et joint avec le mercure, ils sont le fondement de notre œuvre. — Ils sont donc seuls suffisants pour procréer leurs semblables, et pour les multiplier à l'infini, ainsi que Dieu l'a voulu. Dans ces deux natures, qui contiennent les principes de notre œuvre, se trouvent les qualités et les vertus des quatre éléments principiants, de même que celles des trois principes, ou des éléments principiés.

Ces deux natures n'existant plus, ayant changé de forme, ne font plus partie de l'arbre généalogique hermétique, de même que dans la Genèse, Caïn et Abel sont mis dans l'oubli, quoiqu'ils aient été nécessaires, ayant été reconnu pour le fondement et la souche de la postérité humaine. Les nôtres le sont aussi de la postérité métallique et alchimique … Quelle injustice de les oublier ?

DEUXIÈME CHAPITRE
Des corps et des esprits nécessaires pour faire l'œuvre

Sans les corps métalliques, nous n'aurons jamais l'âme ou les esprits vitaux nécessaires. C'est donc des corps qu'il faudra les sortir, et pour les sortir, il faudra les ouvrir : et par cette opération nous nous convaincrons de la vérité de la science.

Sans l'extraction des esprits contenus dans les premiers corps, qui en les sortant par l'aide de Vulcain, en forment quelque fois un nouveau : l'union essentielle et parfaite desdits esprits principes, qui y sont cachés, d'avec ceux qui en sont séparés, ne se ferait jamais, et la première matière des m étaux nous manquerait.

Il faudra donc, pour obtenir cette première matière des métaux, réduire tous les nouveaux corps en esprit, en eau, et par ce moyen nous cacherons, à tous ceux qui en sont indignes, le moyen de trouver et de voir la vérité de l'alchimie, et puis nous corporifierons ces esprits réunis.

Détruisez, formez, purifiez et unissez. Ce sera donc par l'union des esprits tirés de corps parfaits, que nous parviendrons à faire les miracles d'une seule chose, comme nous l'a montré notre père Hermès.

TROISIÈME CHAPITRE
Des feux en général et des sublimations

Il y a trois feux intérieurs, et trois feux extérieurs, ou trois manières de les employer ou de s'en servir, et deux de les unir.

Il y a aussi trois sublimations, ou trois manières de les faire.

Il y a aussi trois manières de diriger les feux.

De leur union et de leur direction et emploi, dépend la réussite de l'ouvrage hermétique.

HUITIÈME LEÇON

PREMIER CHAPITRE
Traité du sel, premier principe, par ordre de travail

Le sel, qui est généralement reconnu pour être le premier principe dans notre œuvre, se trouve toujours invisible, ou n'est vu que par les yeux de l'imagination, quoique réel, excepté que, par un coup de maladroit, (et au moment de sa formation) l'artiste ne le rende visible ; il nous est toujours plus favorable quand il est invisible. — Mais ce qu'il y a difficile à comprendre, c'est que, de trois principes essentiels, dont deux sont toujours visibles et palpables, le sel, ne l'étant pas, et ne devant pas l'être, puisqu'il n'est produit que par la destruction corporelle de ses frères, soit mis au premier rang, joue (quoique se tenant toujours caché derrière le rideau philosophique), le premier rôle, et devienne l'objet indispensable de notre œuvre ; il le faut ainsi, puisqu'il est reconnu pour principe fondamental, dans toutes les opérations philosophiques ; que de deux, il en doit toujours être produit un troisième, qui devient lui-même premier, et alors il est dépositaire des vertus de ses pères et mère, pour les représenter au besoin.

Ce sel ne peut être mieux représenté, que comme celui qui pousse sur la terre, et qu'on voit bien souvent dans les caves quand on y descend, qui n'est qu'un nitre propre à la fabrication de la poudre à canon.

N'allez pas croire pour cela que celui dont je traite soit le nitre commun, ni le sel marin, ni le sel de tartre ; celui dont je traite, quoique végétal, animal et minéral, tient plus à ce dernier règne, puisqu'il en est la base, et qu'il est toujours incombustible ; avantage que n'ont pas les autres sels. — Il faut donc le trouver incombustible et propre à se réduire en eau mercurielle, d'où il est tiré ; parce qu'il est aussi de principe fondamental, que pour parvenir à la transmutation métallique, il faut que les principes corporels servant à notre œuvre, redeviennent ce qu'ils étaient avant ; c'est-à-dire, qu'il faut qu'ils changent de forme et redeviennent eau.

Il faut donc travailler la matière jusqu'à ce que nous en ayons extrait ce sel invisible, qui n'est qu'un esprit métallique, qu'il faudra dégager de ses impuretés, pour qu'il conserve en lui cet amour pour ses frères, et ne puisse pas devenir ingrat de la vertu qu'il aura de fixer ; avantage qu'il ne tiendra que d'eux. — Ce ne sera donc que quand il sera réduit en mercure, qu'il pourra manifester sa vertu. Alors, de concert avec le soufre et le mercure, avec lesquels il devra être uni, il pourra être regardé comme étant en chemin d'acquérir par la coction, le pouvoir d'exercer sa puissance ; laquelle, la poudre de projection dont il sera partie essentielle, contiendra parfaitement.

DEUXIÈME CHAPITRE

Traité du soufre, deuxième principe : par ordre de travail

Le soufre a été regardé pour le deuxième principe dans l'ouvrage d'alchimie ; ses vertus sont de donner à la matière liquide, la forme et la couleur. — Il est d'un rouge terne, et taché de blanc ; il se réduit facilement en poudre, à cause de sa sécheresse, mais travaillé jusqu'à plus qu'il ne faut, il redevient métal, malléable.

Malheureux est l'artiste, quand il le pousse à ce point, qui est la preuve de son ignorance, de son peu d'expérience et la perte de son temps. Dans cet état il ne peut nous être utile, ayant repris sa forme corporelle, qui lui a fait perdre la vertu et l'avantage de pouvoir revenir dans ses premiers principes. Ce sont des esprits liquides, qu'il nous faut, (mais non des corps) ou des produits les ressemblant et pouvant le devenir.

TROISIÈME CHAPITRE

Traité du mercure ; troisième principe : par ordre de travail

Le mercure, qui est reconnu pour le troisième principe de l'œuvre, pourrait être mis le premier, puisque ce n'est que par lui que le philosophe hermétique parvient à ouvrir le métal, et à rendre l'invisible visible, et que ce n'est aussi que par son moyen, que l'union des autres deux principes se fait. — C'est donc lui qui reçoit les autres deux, et qui les nourrit ; c'est lui qui est le vase dans lequel ils se baignent : il est donc eau ; et c'est dans cette eau que le grain fixe est mis pour s'y putréfier, et qu'il pousse son germe.

Observation.

Lorsque j'ai traité des trois principes, *sel*, *soufre* et *mercure*, je n'ai pas entendu parler de ceux dont nos deux natures sont formées par la nature ; mais bien de ceux (quoique les mêmes) qui dans le cours du travail, (à commencer du premier mariage, jusqu'au deuxième, ou pour mieux dire, jusqu'à l'eau double) forment la terre feuillée ; d'où est produite la terre des feuilles.

NEUVIÈME LEÇON

PREMIER CHAPITRE
Première nature du feu chaud.

Le mâle a toujours été regardé, par tous les philosophes hermétiques, pour la première nature sans laquelle la matière froide, ou la femelle, ne pourrait être fécondée. — Il faut donc le choisir sain et vigoureux ; il est de très grand prix quand aucune imperfection ne diminue pas en lui la qualité de vertu prolifique, ou d'esprit formateur nécessaire pour travailler la matière menstruelle minérale et pour parvenir à la perfection désirée. — Il faut ouvrir ce mâle, sans cependant le tuer (parce que rien de mort ne peut servir à notre œuvre), et tirer de lui son sang ou cette forme, et cet esprit, ou feu naturel chaud duquel nous ne pouvons nous passer. — On y parvient facilement, mais non sans peine. Notre mâle est rude et bien souvent intraitable ; mais nous parvenons à l'adoucir en lui donnant une femelle belle, jeune et tendre, à laquelle il se rend. C'est un amoureux passionné pour le beau sexe ; la lui promettre et la lui donner, c'est le seul moyen d'adoucir en lui ce qu'il a de rude et farouche : il est indomptable sans cela. — Différent de l'homme, il est amoureux même dans l'âge décrépi ; et le sperme chaud qui est en lui ne diminue pas de force ni de vertu, quelque vieux qu'il soit. On peut donc le prendre à tout âge, pourvu qu'il soit beau, bien fait et dégagé de son rude poil. Il faudra lui donner une femme : parce que rien dans ce monde ne vient d'un mâle sans l'union avec sa femelle. C'est de cette deuxième nature que nous allons traiter au chapitre suivant.

DEUXIÈME CHAPITRE
Seconde nature, ou feu froid et humide.

La femelle a été regardée, par tous les philosophes hermétiques, pour la deuxième nature (elle contient le feu innaturel froid) ; ses qualités sont d'être froide et humide, quoique chaude par tempérament ; ses menstrue sont très corrosives. — Il faut la choisir belle, brillante, peau blanche. — Quoique très amoureuse, elle est bien souvent indifférente et volage. — Ce défaut, qui est naturellement trop attaché en elle, ne lui permet pas bien souvent de s'unir à son époux ; elle le repousse. — Délicate comme nos petites maîtresses ; pleine de prétentions et d'orgueil le mari qu'on veut lui donner ne saurait lui plaire : mais en l'habillant et le rendant beau, elle se laisse approcher. — Et quoiqu'il y ait entre eux un amour naturel et aimantin, on ne saurait parvenir à les unir, si Vulcain, qui est l'entremetteur de nos beaux mariages, ne se trouvait humilié et son amour propre blessé de ne pas réussir à faire ce beau lien ; duquel, comme de celui de Dejodée, il en doit naître les plus beaux enfants. — Il faut donc qu'il use de finesse, qu'il leur ménage une, et même plusieurs entrevues ; à quoi il parvient par quelques petits mensonges pardonnables à celui qui, comme Vulcain, a d'aussi bonnes intentions. — Il parvient à unir nos beaux époux et a soin de ne leur laisser que ce qu'ils ont de plus beau en vêtements, et les allie si fortement que leurs vertus opposées (froide et chaude), il en fait un produit qui est de très grand prix, et duquel le philosophe hermétique et expérimenté sait tirer le plus grand parti pour l'ouvrage philosophique. — Vulcain quoique boiteux (étant mal accoutumé en fait de femmes, ayant épousé Vénus la plus belle), devient un être à craindre ; il pourrait fort bien se rendre amoureux de l'objet allié et mettre la division dans notre beau ménage. — Pour donc prévenir ce malheur, le philosophe labourant a soin de ne jamais le laisser seul : soit avec la femme, soit avec le mari. Cette précaution n'est pas la précaution inutile, si l'on veut la paix et si l'on veut être certain que notre époux puisse se convaincre d'être le père de l'enfant que sa femme mettra au monde, et qu'il puisse aussi être assuré que son enfant, pour lequel il a sacrifié son existence entière, jouira non d'une vie valétudinaire, mais bien de la longue, vigoureuse et puissante vie qu'il lui a donné et communiquée en le formant. — Parce que, comme je l'ai dit ci-dessus, elle est très volage, et cela lui sied un peu ; cela ranime les soins de son maris ; cela lui donne comme une espèce d'autorité sur lui, qui cependant doit finir par être cédée en entier au mari : parce qu'il est de principe fondamental que la forme doit l'emporter sur la matière, et c'est même de droit. Et pour que tout cela se fasse avec ordre et que tout soit bien observé, et que le produit soit de bon acabit et de bonne espèce, il faudra avant tout faire laver nos métaux dans un vinaigre très aigre, ou, à défaut, dans de l'urine du vieux Saturne ou bien dans celle d'un jeune enfant ; dans laquelle ils se plairont et se dépouilleront de leur péché originel, et seront rendus plus propres à devenir et à se montrer parfaits.

DIXIÈME LEÇON

De la pierre des philosophes et de la pierre philosophale

Deux pierres, commencement et fin de l'ouvrage philosophique, embrouillent tellement les amateurs de cette science qu'ils ne savent pas laquelle des deux est la bonne ; ils s'en forment milles idées. — Pour ne pas les tromper dans leurs recherches et en même temps leur rendre facile le moyen d'y parvenir, je leur dirai que l'une et l'autre sont nécessaires et qu'on ne peut pas s'en passer. La première, qui est la pierre des philosophes, nous trace le chemin pour arriver à la pierre philosophale, et ne s'en sépare point ; elle est le principe de l'ouvrage d'alchimie, comme l'autre en est la fin.

J'y ajouterai, pour éclaircir ce que j'en ai écrit ci-dessus et pour aider les amateurs labourant dans la science hermétique, que la *pierre des philosophes* est si nécessaire pour faire la pierre philosophale, qu'on ne peut s'en passer et qu'on ne peut y suppléer par autre chose.

Il faut donc que le philosophe labourant, fasse comme le serrurier qui est obligé de faire une clé pour ouvrir la serrure qu'il doit faire en même temps. — De même le philosophe labourant doit imiter le serrurier ; il doit commencer par faire une clé pour ouvrir la serrure hermétique ; et cette clé essentielle, qui n'est autre chose *que la pierre des philosophes du premier ordre*, quand elle sera bien faite, lui servira et le mettra à même de pouvoir visiter tous les cabinets intérieurs cachés aux commençants et amateurs de l'alchimie), et lui procurera le moyen d'ouvrir et de fermer à volonté, ou de se représenter la partie la plus secrète de la philosophie : et alors il parviendra bien plus facilement à faire la pierre philosophale, à laquelle seule il vise.

Il faut donc, je le répète, qu'il fasse comme le serrurier : qu'il commence son ouvrage alchimique par cette clé, qui, quoique n'étant pas faite d'aucun métal (mais bien de l'union et confusion, ou mélange des quatre qualités des éléments métalliques), lui devient indispensable pour y réussir.

Il est vrai qu'il est très facile de trouver cette clé essentielle, et qu'il n'y a que les vrais adeptes qui la reconnaissent et la trouvent bien plus facilement quand ils veulent s'en servir, que ceux qui en sont les amateurs ; quoique ceux-ci passent souvent leur vie entière à la chercher par une lecture continuelle des livres hermétiques. — Toute autre personne, quoique possédant de grandes connaissances, s'y trompera toujours : tant la nature l'a si fortement cachée dans ses cabinets.

Réfléchissez sur ce que j'ai dit ci-dessus, et n'employez jamais de principes ni de matières d'un règne étranger à celui que vous voulez élever et pousser à sa perfection.

ONZIÈME LEÇON

PREMIER CHAPITRE
De la sublimation et lessive hermétique

La sublimation, selon Geber, philosophe hermétique, est l'élévation qui se fait par le feu d'une chose sèche : en sorte qu'elle s'attache au vaisseau. Comme il n'y a que les philosophes qui comprennent Geber et qui, par leurs connaissances voient ce qu'il a voulu dire dans ce peu de mots ; que d'ailleurs ils connaissent et ont tenu dans leurs mains la chose sèche et le vaisseau : ce n'est donc pas à eux qu'il a caché cette opération de l'alchimie ; mais bien aux commençants.

Pour leur parler avec moins de finesse, je leur dirai que la sublimation est une opération par laquelle le philosophe (à l'exemple de la femme qui fait la lessive) nettoie, lave, purifie, sépare et dégage enfin son linge philosophique de toutes saletés, hétérogénéités et ordures, et le dispose par ce travail à recevoir la perfection. — Sa perfection consiste à le rendre blanc, si le linge est fond blanc ; ou bien à le rendre rouge, si le linge a été naturellement teint de cette couleur. — Si le teinturier (je veux dire le philosophe) a bien su connaître l'heure et le moment de lui communiquer et lui unir l'une de ces deux couleurs, et de même toutes les deux en même temps, le résultat ne peut être que blanc ou rouge.

DEUXIÈME CHAPITRE
Des feux intérieurs contenus dans un des derniers chaos

Nous avons traité dans un chapitre précédent des trois feux ; de la manière de les diriger et de les unir : mais comme nous n'avons pas tout dit et que nous ne nous sommes pas assez étendus, nous y ajouterons le chapitre suivant. Les philosophes hermétiques reconnaissent trois feux dans leur ouvrage, lesquels ne sont visibles qu'aux yeux de l'imagination : par conséquent spirituels. Le premier est le feu naturel masculin, formateur, agent. — Le second est le feu inna-turel féminin, matériel, patient. — Et le troisième est le feu de contre nature, produit par l'union des deux premiers, toujours disposé à se putréfier à une chaleur convenable : par conséquent à procréer l'enfant philosophique. — Et l'on peut dire que ces trois feux sont ensemble contenants et contenus ; et qu'ils ne peuvent être sortis d'autre part que du soleil et de la lune, pour par leur union, les soins et le travail de l'artiste, former et composer *la pierre des philosophes du premier ordre*, de laquelle ils sont seuls les principes. Ce troisième feu est le feu philosophique ; il est minéral et pas toujours égal ; il est l'âme de notre pierre philosophale, étant composé comme il est dit ci-dessus, des deux feux joints.

DOUZIÈME LEÇON

De la terre feuilletée et de la terre des feuilles

La terre des feuilles est tout ce que le philosophe labourant se propose d'obtenir ; parce que cette terre renferme en elle tout ce qu'il faut pour l'œuvre et le *sel*, le *soufre* et le *mercure* en son la base et le fondement, et que la purification et le dégagement des superfluités de la terre feuillée s'est opérée par les aigles volants de Philalèthe, et les proportions des principes constituant le mercure philosophal y ont été observées par le conseil du cosmopolite.

Il faut donc aspirer premièrement à posséder la terre feuillée, puisqu'elle contient tout et que nous pouvons tout avoir par elle, et que c'est aussi par elle que nous obtenons la terre des feuilles tant désirée. — Mais pour y parvenir, nous avons beaucoup de travail à faire, de soucis et de chagrins à supporter ; beaucoup d'erreur à réparer, et beaucoup d'opérations à recommencer avant que de parvenir à la fin.

Aussi, ce n'est pas sans une grande raison que les philosophes hermétiques ont dit : qu'heureux et très heureux était celui à qui Dieu donnait les connaissances nécessaires pour découvrir le travail et les opérations de la science hermétique, puisque ce don était une très grande marque de son amour et que rien au monde ne pouvait lui être comparé.

Cette terre feuillée ne se trouve pas sur la terre : il faut que le philosophe la rende manifeste en la créant, ou pour mieux dire en la sortant de là où elle est. — Notre père Hermès nous en donne le moyen, quand il nous dit que c'est *la terre* qui a été *ramassée*. La nature ne peut pas nous la donner d'elle-même ; il faut que l'homme favorisé de Dieu y mette les mains, et que ce produit divin soit le résultat de son travail (avec lequel seul il parviendra à faire la terre des feuilles). — Les métaux et les minéraux, les sels, les soufres et les mercures y concourent mutuellement et s'aident de même ; l'artiste dépure, dégage, unit, broie, sépare, distille, pulvérise, amalgame, pétrit et est dans son ouvrage (qui est aussi celui de la nature) comme un général d'armée, plein de zèle et de courage, se portant partout où sa présence se trouve nécessaire, soit pour encourager, soit pour changer les ordres donnés ou pour tout autre travail que le moment exige.

Vulcain n'y joue pas le plus petit rôle, puisqu'il est trop souvent la cause de la joie ou du souci de l'artiste ; mais l'amadouant et se tenant toujours auprès de lui, on en tire ce qu'on désire ; et quoiqu'il soit notre ami, quand nous sommes présents, nous devons le craindre ; il est comme les hommes d'aujourd'hui qui donnent toujours tort à l'absent et qui l'abandonnent : il faut donc ne pas le quitter.

Les vases et les manières de les placer, contribuent beaucoup à la réussite, et la saison quand il faut unir notre mâle avec sa femelle, n'y contribue pas moins. Tout ce que je dis doit être observé, ainsi que de prendre bien soin que nos jeunes époux entre tout nu dans leur lit, pour que rien d'impur ne puisse salir n'y empêcher leur progéniture.

Leur chambre à coucher doit être divisée en quatre parties : dont trois pour les parents ascendants, et la quatrième pour leur lit qui doit être composé de terre et d'eau ; et les draps doivent être faits de feuilles d'argent que les aigles volants auront portés dans leur bec, et qui par leur union, formeront lesdits draps dans lesquels nos jeunes époux seront bien enveloppés. Serait-ce une fatalité pour l'artiste, que d'avoir une femelle pour premier enfant, au lieu d'un mâle qu'il désire.[10]

Dans l'ouvrage de Dieu notre créateur, le mâle fut avant la femelle, et elle ne fut faite et créée que d'une partie du mâle ; dans le nôtre, qui est en petit l'image du grand œuvre de Dieu, toute la femelle peut se réduire en mâle si l'on veut.

Dans son grand ouvrage Dieu créa la femme de l'homme ; dans le nôtre, qui en est une petite image, la femme devient homme selon la volonté de

---

10. Ici je n'entends parler que de la poudre de projection, que je personnifie, comme devant servir à transmuer les bas métaux en argent ou en or.

l'artiste. Comme il fut de la volonté de Dieu de faire la femme de l'homme, Dieu les créa immortels ; notre ouvrage ou son produit, qui sont les enfants hermétiques, le sont aussi. Dieu leur ordonna de croître et de se multiplier ; les nôtre croissent et se multiplient à l'infini, ce qui prouve que notre ouvrage vient de Dieu et touche d'un bout le ciel et de l'autre la terre : il est donc terrestre et céleste. Attachez-vous donc, hommes incrédules, à posséder un aussi grand trésor ; puisque le possédant vous n'avez plus rien à désirer sur la terre. Travaillez, cherchez, ne vous rebutez pas et ne sortez pas du règne que vous voulez élever : parce que rien ne s'amende que dans son semblable et avec lui-même, jamais avec un autre.

Si vous découvrez une partie de ce que je dis ci-dessus, vous pourrez y parvenir ; mais ce ne sera pas sans beaucoup de peine : si vous n'êtes pas décidés à en prendre, ne commencez pas à chercher. Cette science ne s'acquiert pas sans peine ; vous y parviendrez et l'obtiendrez avec moins de difficultés, si vous savez le moyen et le lieu où vous pourrez trouver la terre rouge feuillée, ou bien d'où il faut la sortir pour par elle en faire la terre des feuilles : cette dernière ne saurait se faire sans la première ; quand on l'a, la disposition seule suffit ; et, jointe avec sa mère, elle vous donnera l'eau double : la bonté de laquelle vous reconnaîtrez à l'odeur forte qui s'en exhalera, ainsi qu'a l'amour qu'elle a pour ladite mère avec laquelle elle se plaît, s'unit et se marie naturellement. L'expérience démontrera, à l'artiste labourant, la vérité de ce que j'avance.

TREIZIÈME LEÇON

PREMIER CHAPITRE
Des semailles des philosophes, et du temps propre à les faire

De même que les laboureurs des champs, le philosophe hermétique est obligé de travailler la terre philosophique pendant cinq mois, pour la disposer et préparer à recevoir le grain formateur. — Cette préparation et disposition ne peut se faire qu'en amendant cette terre par un long travail, et en ôtant toutes les superfluités qui la rendent hydropique et vénéneuse. Le temps le plus propre pour faire ces semailles, est le même que celui du laboureur des champs, ou tout autre temps qui nous donnerait une chaleur ou température égale.

DEUXIÈME CHAPITRE
Solution de la terre philosophique

La solution est la réduction de la terre des philosophes, en eau. Mais avant de dire la manière de la faire, examinons ce qui suit. L'océan élémentaire nourrit le poisson qu'il tient en son sein ; de même l'océan philosophique, cette mer des sages, nourrit aussi le poisson des philosophes. Si tu peux parvenir jusque là, la solution te sera aussi facile à faire, comme il te serait facile de réduire la glace en eau d'où elle a été formée.

Par cette opération (qui n'est qu'une liquéfaction des corps) les esprits métalliques se poussent au plus haut degré de perfection : l'un donnant et communiquant sa vertu et ignité ; et l'autre en la recevant ; et ces esprits étant homogènes, ils s'amendent tellement par cette union, qu'ils en sont réduit de puissance en acte, et sont tout à fait dégagés des liens qui les tenaient garrottés et les empêchant d'agir.

C'est ici que l'on peut trouver et bien démontrer aux incrédules, combien est grand le pouvoir que Dieu a donné à l'homme philosophe hermétique ;

puisqu'il imite et fait de même que son père, Dieu tout puissant : *Qui convertit petram in stagna, et rupem in fontes aquarum.*

TROISIÈME CHAPITRE
De la nourriture et des naissances de l'enfant hermétique

Comme l'enfant animal se nourrit dans le ventre de sa mère de la même matière ou sang menstruel dont il a été formé, de même aussi l'enfant métallique se nourrit dans le ventre du mercure qui est sa mère, sa propre terre ; de ce même mercure qui a servi à sa formation. Et cet enfant, qui dans sa première naissance n'est produit que des seuls métaux parfaits, ne peut être ne peut se rendre visible qu'après avoir ôté à son père (qui est un vieillard sain et vigoureux) toutes ses forces, et l'avoir fait succomber, en lui enlevant toute sa vertu prolifique et s'en être emparé. Aussi, dans cet engendrement, il faut que le père (plein d'amour pour son enfant, duquel il fait toujours partie essentielle) disparaisse ; que sa forme corporelle soit changée en spirituelle, pour qu'il ne fasse pas partie de l'arbre généalogique hermétique. — Il faut enfin qu'il devienne principe de lui-même ; qu'il rentre dans la matrice minérale, pour s'y nourrir du même sang menstruel dont il a été formé (ou bien de ce même sang qui l'a détruit pour en faire un autre lui-même, et qu'il y croisse en force et en vertu, ce qui nous préparera la deuxième naissance de l'enfant métallique hermétique. Voilà le seul moyen pour parvenir à posséder cet enfant désiré ; lequel se présentera plein de force, de vertu et avec une joue toute blanche et l'autre rouge, et nous procurera la fortune, la santé, la jeunesse, une très longue vie et un bonheur parfait *que nul sur la terre ne pourra nous ravir.* Ce que je dis ci-dessus, doit convaincre et bien persuader les amateurs de la science occulte ; que pour parvenir à la fin de l'ouvrage hermétique, il faut que le philosophe labourant sache faire deux mariages, et que de ces deux mariages il ne soit produit que deux naissances et un seul enfant. S'il sait faire les deux alliances qui sont indispensables, il pourra avoir l'enfant hermétique ; lequel, comme je l'ai dit, aura eu deux naissances. Alors seulement, il sera reconnu par tous les adeptes pour un véritable disciple d'Hermès.

QUATORZIÈME LEÇON

PREMIER CHAPITRE
Chapitre de comparaison

Notre terre, ou mercure philosophal ; pendant et après sa coction, peut-être comparée au globe terrestre créé par Dieu tout puissant. — De la nôtre, comme de celle du créateur, il s'en élève des vapeurs au commencement qui, se condensant, forment des nuages qui obscurcissent et voilent pendant toute leur durée la clarté solaire qui doit sortir d'elle. Mais il en sera autrement de ces deux terres (dont la nôtre n'est qu'un très petit échantillon, et un abrégé de la première), quand le créateur voudra mettre fin à ce monde terrestre et corruptible. — Alors il la purifiera et lui rendra sa première beauté et clarté, de manière que la terre redeviendra diaphane comme elle était dans son commencement, et dans la même perfection qu'elle était au sortir de ses mains, ou avant qu'elle eût été maudite à cause du premier péché. — De même notre terre qui est l'image et l'abrégé de ce grand monde, quand elle sera parvenue à la rougeur du coquelicot ou pavot des champs, qui annoncera sa perfection et la preuve qu'elle contient en elle la vie, laquelle elle aura le pouvoir de communiquer à toutes les productions des trois règnes et de les faire jouir (en augmentant en elles leur esprit vital, affaibli ou dissipé, qui seul pouvait les maintenir dans un état parfait de vie), ne laissera plus élever aucune vapeur, et il ne se formera plus de nuages dans notre globe ; et toute obscurité cessera, lorsque par la coction elle sera poussée à sa perfection, clarté et pureté parfaite[11], ce qui

---

11. Notre œuvre alchimique qui n'est composée que par des eaux métalliques, lesquelles étant réduites en terre fixe et indestructible, nous montre le passé et l'avenir, et nous prouve qu'elle est l'image et la figure de ce que Dieu fera de l'univers à la fin des temps, puisque alors s'exécutera la promesse que le Tout Puissant a faite et que nous attendons, qui est *de faire de nouveaux cieux et une nouvelle terre* où la justice fera sa demeure, laquelle n'aura pas de fin. Ceci est annoncé par Saint Pierre dans sa deuxième épître, article 13, chapitre 3.

lui donnera une toute puissance et le pouvoir de purifier, perfectionner et conserver les productions des trois règnes de la nature.

DEUXIÈME CHAPITRE
Différence du premier chaos et ce qu'il contenait (avec lequel Dieu créa le monde), de celui des philosophes hermétiques

Le premier, pour être créé, n'eut besoin que de la volonté du Tout Puissant, qui le composa de deux contraires : du *repos* et du *mouvement*.

Et le mouvement produisant la chaleur, principe de vie de tout ce qui devait être créé lors de la séparation de ces deux contraires formant le premier chaos, manifesta les quatre éléments contenant la lumière créatrice *non multipliée*, ainsi que leurs qualités contraires[12], desquelles qualités : *froideur, chaleur, humidité* et *sécheresse*, chacun était élémenté ; et qui, jusqu'à la création, n'avait été qu'en puissance dans le chaos, furent en acte.

Le chaos des philosophes hermétiques est une suite de cette première volonté par laquelle Dieu accorde à sa créature le moyen de composer ce chaos. Ce qui ne saurait et ne peut se faire sans la réunion des contraires (du froid et du chaud) en une seule masse par le nombre mystérieux des alchimistes : sans cependant que les vertus contenues séparément dans les corps employés perdent rien par cette réunion qui, au contraire, s'augmente infiniment.

Le premier chaos contenait les quatre éléments destinés à être les principes premiers de toutes les productions ou mixtes des trois règnes de la nature, ayant les vertus nécessaires (qu'ils ne tenaient que du *mouvement*, principe des premiers principes)[13] pour les conserver et les multiplier, et par ce moyen, maintenir et continuer toujours la création.

---

12. Nous sommes obligés de reconnaître ou à distinguer trois lumières qui n'en forment presque qu'une.
13. Les vertus que les quatre éléments contiennent, et qu'ils communiquent à tous les mixte, ne peuvent être que les vertus et propriétés du *mouvement*, qui fut le premier principe voulu par le créateur.

Jusqu'à la création, le *repos* seul, avait exercé son empire sur tout ce qui avait pu exister ; et rien ne pouvait naître, ni croître. Le *mouvement* qui fut le principe des premiers principes,

Le nôtre, ou le chaos des philosophes hermétiques, contient aussi les quatre qualités des éléments, les mêmes principes, et renferme aussi en lui tout ce qui est nécessaire pour la confection de l'ouvrage philosophique : mais a besoin des mains de l'artiste et d'un long travail pour pouvoir complètement purifier les principes métalliques qui l'ont composé, et par ce moyen parvenir à pouvoir le dégager des lien qui le tenait garrotté et l'empêchait d'agir : c'est-à-dire pour pouvoir, par la purification et réunion, le rendre de puissance en acte, de l'état de repos à celui de mouvement. Le moyen d'y parvenir est détaillé dans les chapitres précédents.

I

La première est la lumière divine, éternelle, non multipliée, par laquelle tout a été créé.

II

La deuxième est la lumière élémentaire, engendrante, multipliante, principe de vie de tout mixte.

III

La troisième est la lumière solaire éclairant le monde, et conservant et nourrissant tout ce qui a été produit par les éléments ou deuxième lumière. Elle facilite et provoque, ou pour mieux dire, excite le feu élémentaire intérieur des natures et l'oblige à se multiplier. — Cette troisième lumière n'est pas chaude par elle-même, sa véritable qualité ou vertu n'est que *mouvement*,

---

changea tout entrava et s'opposa à l'empire que *le repos* avait exercé ; et par le moyen des quatre éléments, communiqua la Chaleur ; la vie.

Ce qui alors engagea entre lui, et le repos, un combat produit de leurs qualités opposées qui doit durer autant de temps que le monde créé ; l'un ne voulant point céder à l'autre ; et devant (pour le maintien de l'ordre de la nature) ; se toujours contester ; ne jamais s'accorder. — et c'est ce combat qui établi le véritable *mouvement perpétuel* ; si souvent cherché par les hommes ; et jamais trouvé par aucun.

Tout fut donc par la vertu de la chaleur créé vivant. La première faute changea cette première perfection, et assujetti la matière créée à devoir rentrer dans le repos, ou mort, d'où elle avait été sortie par la vertu de la chaleur, produite par la force du mouvement : et ce fur alors, que commença le temps, qui a précédé l'éternité.

puisque ce n'est que par les rayons que le soleil darde continuellement vers la terre, qu'il échauffe et conserve la vie à tout.

Il n'a été formé que par l'assemblage des parties éparses de la première lumière divine, qui n'est elle-même (comme je crois l'avoir prouvé dans le tableau fidèle des perfections du Tout Puissant) que mouvement.

De la troisième lumière solaire, ou de ses rayons multipliés ou rassemblés par le moyen d'une lunette, est produit le feu corrosif des cuisines ou le Vulcain destructeur.

Ce feu corrosif ne peut-être que le résultat d'une multiplication des rayons joints de la lumière du soleil, qui alors ont perdu la vertu douce de conserver et donner la vie, pour prendre le désavantage de détruire ce que les mêmes rayons de la lumière du soleil ont fait produire aux éléments. — Alors on pourrait comparer ce degré de feu destructeur (pour se rendre moins obscur) au 3/6 ou esprit de vin rectifié produit lui-même de l'eau de vie, eu égard au vin son véhicule qu'on boit à pleins verres sans faire mal, à ce même 3/6 ou esprit rectifié qu'on ne peut boire qu'en très petite quantité à cause de la force corrosive qu'il a acquise par la réunion des particules d'esprit que le vin contenait. Alors nous serons obligés de distinguer la lumière principe ou chaleur invisible contenue dans le feu vital élémentaire que nous ne voyons que par ses effets ou vertus, du feu destructeur corrosif, qui à ce degré de multiplication, s'est rendu visible et palpable.

Et tout cela nous prouvera que le bien et le mal sont toujours réunis, et qu'ils sortent du même principe, du même chaos, que la vie et la mort occupent le même corps, et ne sont que le résultat du mouvement et du repos, qui par le combat de leurs qualités différentes, conservent ou détruisent tous les mixtes contenant presque toujours ces deux extrêmes, ces deux ennemis.

Le feu vital élémentaire qui est le véhicule de la lumière première de la vie se trouve partout. Ce qui paraît mort à nos yeux contient bien souvent la vie, la lumière ; elle est emprisonnée dans tous les corps produits par la nature : les métaux la contiennent, les végétaux et les animaux de même ; mais elle n'agit ou n'opère pas également dans chaque règne.

Dans le règne minéral, cette lumière ou feu vital s'y trouve garrotté, emprisonné, et y est très abondant et forme sa semence ; et ne se rend manifeste à l'artiste, dans l'ouvrage d'Alchimie, que par l'union de la forme de ce règne avec sa matière ; et n'exerce son pouvoir, sa vertu, qu'après avoir été dégagé de toutes les impuretés que la nature y avait mêlées.

Ce même feu et lumière, ou la vie des semences, dans le règne végétal, y est en petite quantité ; il ne se manifeste que par la naissance et croissance des produits de ce règne.

Et dans le règne animal ce feu, principe de vie, cette lumière, y est abondant ; et comme il y est aussi le principe de la multiplication de ce règne (comme aux deux autres). Alors, s'il est faible, il y est gouverné ; s'il est fort, il y est gouvernant, à cause de sa grande force et vertu, en portant l'animal à la jouissance multipliée ; et par-là, le poussant à sa propre destruction.

Tout ce que nous avons dit ci-dessus, nous prouve que la lumière première, ou lumière divine éternelle, rassemblée, et non multipliée, qui était, et qui est toujours principe premier de mouvement, fut produit et formé le soleil Céleste, qui n'est lui-même que mouvement ; et que ce n'est que par le mouvement des rayons qu'il darde vers le globe terrestre, que la chaleur de l'atmosphère est produite ; et cette chaleur produite continuellement par le mouvement, son principe, fut, est et sera toujours le principe de tout mixte, ou de tout ce qui a ou prend vie dans les trois règnes de la nature. Sans cette chaleur, point d'être vivant : point de produit.

TROISIÈME CHAPITRE
De la vie cachée dans les éléments métalliques composant les premiers corps parfaits.

Comme les éléments passibles et agents, renfermés dans les corps métalliques servant à l'œuvre, ne peuvent être réunis qu'après avoir été parfaitement dépurés de toutes leurs fèces, il faudra avant tout les purifier séparément, et les nettoyer de tout ce qu'ils ont de mauvais en eux. Alors, n'étant plus garrottés par les fèces et se trouvant dégagés et libres, il sera très facile d'en faire la parfaite union sans laquelle on ne pourrait faire l'œuvre hermétique. — Alors ces éléments purifiés étant devenus esprits vivants, et aidés par la chaleur solaire, ou autre, acquièrent le grand avantage de donner, de continuer, d'augmenter et rendre la vie aux corps matériels qui l'ont perdue : et par la fermentation, celui de la manifester dans notre mercure et de l'y augmenter par la putréfaction. Alors nous devons croire que la fermentation la manifeste, cette vie, que la putréfaction la produit et l'augmente, et la corruption la détruit.

QUINZIÈME LEÇON

L'Existence de la très sainte Trinité est prouvée et démontrée réelle par l'alchimie

Dans les trois traités que j'ai fait séparément de chaque principe, et qui sont nécessaires pour l'œuvre, je n'ai pas pu faire de leur vertu et puissance une grande différence. Différents en forme, en couleur, ils ne le sont pas en pouvoir : leur puissance est presque la même. — Ils sont tous trois sortis d'une même racine, et ne s'en séparent pas : aussi, ils ne peuvent pas agir séparément, et ils ont besoin d'être réunis pour pouvoir exercer et démontrer à l'artiste qui les a dépurés, la vertu et le pouvoir qu'ils tiennent des quatre éléments métalliques. Dans tous ses ouvrages Dieu s'est représenté ternaire, par conséquent, tel qu'il est ….., de même aussi que dans toutes les productions de la nature (laquelle n'est que sa volonté), et notamment dans l'œuvre et produit hermétique qui est la représentation en petit de l'ouvrage du grand Dieu, où il y est très fortement reconnu par tous les adeptes. Le *sel*, le *soufre* et le *mercure* sont trois principes distincts ; et réunis, ils ne forment qu'un mercure qui contient les vertus de tous trois. Il doit donc être regardé comme réunissant en lui la volonté, la puissance et la vertu du soufre et du sel métallique : comme Dieu le père réunit en lui la volonté et la puissance de Dieu le fils, et de Dieu le Saint-Esprit, qui quoique distingués en trois personnes, ne sont jamais séparés, et ne font toujours qu'un seul *Dieu tout-puissant*[14] de même que le sel, le soufre et le

---

14. Il me semble, qu'au lieu de dire trois personnes en Dieu, on eût peut-être mieux dit : les trois perfections divines ; les trois qualités d'un Dieu unique.

Le Père, le Fils et le Saint-Esprit sont trois essences personnifiées, trois choses qui n'en font qu'une ; trois perfections de Dieu, procédant d'un seul et même principe ; lesquels forment le divine Trinité : parce que de l'une de ces trois viennent les eux autres ; existent par elle ; se confondent en elle et ne s'en séparent point : parce que l'unité en Dieu ne saurait former, en même temps, trois personnes séparées et lui : mais bien, trois qualités ; trois vertus ; trois bienfaits.

Et comme le créateur de toutes choses s'est manifesté ternaire dans tous les mixtes, ou productions des trois règnes de la nature, je n'ai pu me donner à moi-même une plus forte

mercure, quoique trois principes quelquefois séparés dans le travail hermétique ne font qu'un seul mercure par leur réunion.

---

preuve de l'existence de la *très Sainte-Trinité* ; qu'en me disant (ainsi que je le vois prouvé dans le travail d'Alchimie) que le mercure parfait est le fondement ; le premier principe visible et la première qualité ; dans le règne minéral, lequel contient les deux autres principes, *sel* et *soufre* ; lesquels par leur union ne forment qu'un mercure, qui est la racine à laquelle se rattachent et se trouvent réunis les trois qualités différentes.

Alors, l'on peut comparer le mercure métallique parfait, fondement de ce règne ; au Père, comme créateur : le sel métallique ayant la qualité de fixer ; au Fils, comme rédempteur : et le soufre métallique ayant la vertu colorante, ou de teindre ; au Saint-Esprit, comme sanctificateur. Et tout cela nous prouvera, nous démontera, que ces trois qualités, ces trois bienfaits, ces trois perfections, ou ces trois personnes, toujours réunies en Dieu, sont et forment, *la perfection* des perfections divines ; et non trois Dieu, opérant, ou exerçant séparément, la toute puissance *d'un Dieu unique.*

C'est donc lui-même, qui est Dieu le père, Dieu le fils, Dieu le Saint-Esprit.

Dans Saint Jean l'Évangéliste, on trouve :

CHAPITRE XX. — Verset 22.

Jésus Christ dit à ses apôtre, après avoir soufflé sur eux : recevez le Saint Esprit ; mes paroles sont esprit de vie, et sont les mêmes que celles de mon père, qui m'a envoyé.

CHAPITRE X. — Verset 30.

Mon père et moi sommes une même chose.

CHAPITRE XII. — Verset 45.

Qui me voit, voit celui qui m'a envoyé.

CHAPITRE XIV. — Verset 10, 11, 9, 24.

Si je fais les œuvres de mon père, vous devez croire que le père est en moi, et que je suis dans le père.

CHAPITRE VIII. — Verset 29.

Celui qui m'a envoyé est avec moi, et ne m'a point laissé seul, parce que je fais toujours ce qui lui est agréable.

CHAPITRE VIII. — Verset 16.

Si je juge, mon jugement est véritable, parce que je ne suis point seul : mais moi et mon père, qui m'a envoyé.

CHAPITRE XVI. — Verset 28.

Je suis sorti de mon père, et je suis venu dans le monde ; maintenant je quitte le monde, et je retourne à mon père.

Alors il est prouvé par ce qui est dit ci-dessus : que le verbe procède du père, et le Saint Esprit, du verbe : et que le verbe est la parole du père ; et le Saint Esprit, la parole du père et du fils.

Ce qui nous assure, nous prouve et nous démontre l'existence de la Sainte Trinité, laquelle se manifeste dans toutes les productions des trois règnes de la nature par le sel, le soufre et le mercure que presque tous les mixtes contiennent et qui en sont les principes constituants.

SEIZIÈME LEÇON

PREMIER CHAPITRE
De tout ce dont on a besoin dans le travail

Dans le travail pour faire la pierre philosophale nous avons toujours de fusions à faire, des sels à employer pour purifier et fondre les matières servant à l'ouvrage ; des lavages, d'amalgames, une pâte métallique qu'il faut amener à sa perfection et blancheur : à quoi nous parvenons par le moyen de très bon vinaigre distillé.

Nous n'employons ordinairement que des mercures, et ceux qui peuvent convenir se vendent. — On peut se servir de ceux revivifié du cinabre, et même aussi de celui qui pourrait s'extraire de l'antimoine. Nous nous servons des corps ou des esprits qu'ils contiennent. — Nous employons des sels, des soufres et des mercures, de fourneaux, de mortiers, de creusets, de linges, de flacons, de pelles et pincettes, de charbon de bois : on pourrait, pour épargner, employer celui de pierre : de beaucoup d'eau élémentaire. L'eau de rosée ne peut nous servir, il nous suffit de la voir descendre en pluie, et de la voir remonter en air : mais il faut que les eaux employées soient bien filtrées, bien claires et très dépurées. Nous rejetons les crasses pour rendre le tout bien net. Nous employons des métaux qu'il faut toujours choisir purs, saint et vigoureux : sans ces précautions on perd son temps et son argent. Et dans toutes les opérations et au cours du travail nous avons besoin de prendre beaucoup de patience, et de porter aussi beaucoup d'attention à tout, ainsi qu'au poids juste des matières qu'on y emploie. Il faut enfin que la personne labourant au grand œuvre, se pénètre bien que l'ouvrage alchimique ne peut se faire que par le moyen du feu, et qu'il ne doit y employer que de charbons, de sels et de soufres pour faire les fusions et les dépurations des matières dont il se servira.

DEUXIÈME CHAPITRE
Des mariages des métaux, et de celui de Vénus avec Vulcain.

Dans quelques leçons de ce présent cours d'alchimie nous parlons des alliances des métaux, des mélanges, des amalgames et des mariages. Nous parlons du mariage du fixe avec le fuyant, du blanc avec le rouge, du faible avec le fort, de l'or avec l'argent, de l'homme rouge et de la femme blanche, et de celui d'Apollon avec Diane : mais nous ne disons rien du mariage de *Vénus* avec le boiteux *Vulcain*. — Et quoique tous les mariages ci-dessus soient nécessaires pour parvenir à parfaitement faire la pierre philosophale, le mariage hermétique de Vénus avec Vulcain ne l'est pas moins, puisque c'est de ce mariage seul que doit naître un enfant essentiel qu'il faudra rendre beau et parfait pour qu'il puisse parvenir, par les grands avantages qu'il aura acquis, à faire une alliance avec un de ses parents ascendants, de laquelle naîtra notre Isaac hermétique, lequel doit se multiplier à l'infini. — Pour faire les mariages dont nous ci-dessus, nous avons uni un mâle avec sa femelle, et il a été prouvé que la femelle porte et fournit la matière, et que le mâle forme cette matière par la vertu qui est en lui : et ces deux vertus, de la femelle et du mâle, n'est qu'un feu, un esprit qui est dans les métaux et minéraux, et qui en fait partie. — Dons, quand les amateurs de la science hermétique voudront travailler à faire ce mariage, il faut qu'ils se pénètrent bien que *Vénus* et *Vulcain* sont deux feux personnifiés qu'il faudra extraire des métaux ; et on ne se trompera jamais dans cette opération si l'on considère la manière dont le règne animal se multiplie, et comment le père engendre son enfant. — Ce qui ne se fait par le mélange et union (dans la même seconde) des deux feux contraires en qualité que les deux chairs renferment. — Il faut donc dans le règne métallique opérer de la même manière. — Il ne faut pas les matières des métaux, mais bien unir les esprits séparés qu'elles renferment. — Et cet esprit, ce feu, que chacune d'elles renferme, quand, par leur union, il en aura formé un troisième ; ce dernier, étant devenu premièrement semence des métaux, sera enclin à se multiplier. — Et quoique nous parlions de Vulcain, nous n'entendons pas qu'il faille, en faisant ce mariage, y faire entrer aucune matière inflammable, aucun charbon ardent. — Il n'y faut employer que cette lumière, ce feu, cet esprit vital (contenu en puissance dans les métaux et minéraux, et en acte dans notre élixir), lequel, par sa vertu, conserve et ranime toutes les créatures affaiblies par la vieillesse ou par le froid qui l'accompagne.

Cette lumière, ce feu ou cet esprit que l'on extrait des métaux et minéraux et que l'on rend manifeste, il faut le ramasser, le rassembler ; et pour se bien conduire dans cette opération, il faut imiter le créateur qui rassembla la lumière dissipée pour en former le soleil céleste ; de même, il faut que les philosophes hermétiques rassemblent cette lumière, ce feu vital dispersé pour en faire leur soleil hermétique, lequel, à la fin de la coction du mercure philosophal, répandra de toutes parts ses rayons lumineux : ce qui nous marquera la fin de l'œuvre.

Avant de commencer il faudra réfléchir sur tous ces différents mariages, et se bien fixer pour ne pas faire le deuxième le premier, ni le premier le deuxième ; il faudra les faire et les placer à leur rang, et suivre en cela l'ordre qu'on tenu et observé tous les philosophes hermétiques. — Ordinairement l'on commence par celui de *Vénus* avec *Vulcain*, et après (ou de suite si l'on veut) on continue par celui de *Diane* avec *Apollon* ; mais comme ce dernier mariage a en lui quelque chose d'indécent, à cause de la nudité complète et nécessaire ou doit se trouver *Diane* : nous ne dirons pas la manière de le faire. Les philosophes hermétiques reconnaissent trois Vulcain nécessaires pour faire la pierre philosophale : les uns y aident, et les autres en sont partie constituante. C Le premier, c'est le vulcain métallique contenu dans les natures nécessaires pour l'œuvre, lequel se trouve toujours garrotté et emprisonné dans les métaux, et que nous devons rendre libre pour qu'il puisse exercer sa puissance. Le deuxième c'est le Vulcain élémentaire humide formant le principal chaos de notre œuvre, lequel n'est reconnu par les philosophes hermétiques que par *le feu de contre nature*. Et le troisième, c'est le Vulcain utile dans toutes les cuisines. Ces trois feux sont nécessaires pour faire la pierre philosophale. On ne peut s'en passer.

Vénus ne s'est pas mariée avec tous, un seul est son mari, et tous trois, comme parents et alliés, ont facilité les deux mariages et les aident à prospérer et à triompher des ennemis jaloux de leur bonheur futur.

L'un est quelquefois destructeur : les autres, toujours conservateurs de leurs productions.

Et dans tout cela nous voyons que le bon est toujours uni avec le mauvais, qu'ils se suivent et qu'ils ont besoin d'être ensemble quoique ayant des qualités différentes, opposées. — C'est ici l'union du mal avec le bien, formant d'après Moïse, l'arbre de la science ; duquel doit sortir l'arbre de vie, ou médecine universelle.

DIX-SEPTIÈME LEÇON

Réunion de la théorie, ainsi que de toutes les opérations nécessaires pour faire et finir l'œuvre hermétique. — En 19 parties

I

Le mercure qui est blanc en dehors, est très rouge à son extérieur ; il est la matière des métaux. Ce qui nous le prouve, c'est que par la fusion, les corps ou métaux ne représente dans un creuset qu'un mercure, lequel se congèle par le froid.[15]

II

Dans les métaux et minéraux, il y a deux feux : l'un se perd par la fusion, l'autre est un feu qui ne les abandonne jamais ; il reste toujours avec eux, et en fait partie ; il les conserve et les met à l'abri d'être détruits par le feu des cuisines. Ce feu n'est autre chose que la vertu que leur communique le sel et le soufre, en fixant leur mercure.

III

Les métaux ont donc un feu que Vulcain ne peut détruire, et sur lequel il n'a aucun pouvoir ; l'or et les autres métaux ne sont conservés que par lui ; si s'était autrement, les métaux une fois fondus ne seraient plus propres à être forgés. Il faut donc que ce feu ou esprit qui est en eux, les mettent à l'abri du feu destructeur.

IV

---

15. Le mercure n'est, dans son intérieur, qu'un or rouge fugitif. — Je me suis convaincu de cela par un travail de vingt sept ans, pendant lesquels je l'ai vu, au moins cent fois, tout rouge comme du sang de bœuf. — Les philosophes hermétiques ont donc bien raison de le nommer l'or rouge fugitif. — Ceux qui ne travaillent pas à la chimie hermétique, ne pouvant se convaincre de la vérité, n'ont pas tort de croire le contraire.

Il est donc prouvé que le feu de fusion ne peut pas détruire la vertu et fixité du mercure que le métal contient ; elle résiste à toute attaque. Le métal a de plus, en lui, une âme immortelle qu'il apporte des mines, et qu'il conserve, la seule nécessaire.

V

La pierre philosophale ne peut se faire que des seuls métaux ou minéraux ; rien autre n'y entre, si ce n'est des aidants : attention. Et il faut que les métaux servant à la faire, redeviennent eau mercurielle. Ce qui fait dire aux philosophes hermétiques, qu'il faut que l'eau remonte vers sa source, et que l'enfant rentre dans le ventre de sa mère, qui est le mercure. Et ce mercure, cette eau n'est que le produit du second mariage ; et dans ce second mariage l'eau sert de véhicule à la forme, et par leur union constituent la première matière, ou semence des métaux.

C'est donc alors qu'on a enté à l'arbre principe ou mercure, cette branche, qui étant une même chose, mais non de même qualité, communique par cette union à l'arbre matière, la vertu masculine qui lui manquait.

VI

La Science hermétique ne s'explique jamais clairement, tous les philosophes n'en ont écrit et parlé que par des figures et allégories ; certains en ont caché même les principes, tant ils ont craint de porter préjudice. S'ils s'étaient expliqués clairement, ils auraient détruit l'ordre général, ils auraient mis le désordre dans les quatre parties du monde.

VII

Celui qui a trouvé la clef essentielle de l'œuvre, ne peut s'égarer dans le travail, et il est assuré de l'amener à perfection ; pourvu toutefois qu'il connaisse et qu'il agisse par l'addition alchimique.

VIII

La pierre philosophale ne se trouve point par hasard ; une fois qu'on l'a faite, on ne peut jamais oublier les principes dont ont s'est servi, ni les opérations manuelles pour y parvenir.

IX

Le mercure sert de vase, de matière et de nourriture ; le soufre teint, colore et échauffe, et le sel fixe le tout : et cette opération ne se fait qu'ensemble, et par leur réunion ; ils s'aident mutuellement. C'est la vertu des trois principes ; laquelle ils ne peuvent exercer que quand ils sont réduits de puissance en acte : ce qui n'est que, lorsqu'ils sont revenus en mercure, leur principe.

X

Les philosophes hermétiques donnent à leur pierre différents noms, ce qui n'est qu'à cause des différentes opérations par lesquelles on la fait passer pour arriver à sa perfection.

On peut se convaincre qu'ils disent vrai, si on considère les différents noms qu'on donne à l'homme, comme : fœtus, enfant, petit garçon, jeune homme, homme à marier, vieux, vieillard, caduc, etc.…, et c'est toujours de l'homme dont on parle : noms avec lesquels la pierre philosophale et son travail a quelque rapport.

XI

Toute semence sortie du règne métallique, a âme et vie. Pour avoir cette âme, cette vie dont on ne peut se passer, il faudra ouvrir (par le moyen du feu et le sel nitre ou autre) le métal ou minéral qui la contient. Et en opérant ainsi, on peut obtenir la preuve, ou le chemin de la vérité que l'on cherche. Alors étant parvenus à ce point, il nous sera facile, en nous laissant diriger par l'étoile solaire qui sera présentée, de ne pas nous égarer, et d'arriver (comme firent les trois mages) au berceau de notre belle enfant, et d'en pouvoir tirer ce que nous désirons.

XII

La pierre philosophale ne se fait et ne peut se faire que de mercure, lui seul suffit ; mais il le faut doubler, ou féconder. Et ces deux mercures joints, qui sont le fondement de notre œuvre, avant leur union, sont nommés par certains philosophes, les deux fumées blanches, l'une qui monte et l'autre qui descend ; et ces deux fumées sont un vent, dans le ventre duquel notre enfant philosophique prend naissance, pousse son germe, s'en nourrit et s'y parfait.

Voilà pourquoi tous les philosophes hermétiques s'accordent sur la matière, sur le temps, sur la matrice, sur les mercures, et sur les corps servant à notre œuvre. Toute autre eau ou tout autre chose d'un règne étranger, ne saurait être admis pour le travail. On parle quelque fois de la rosée de mai, et quoique cette rosée ait une grande vertu et réjouisse le philosophe quand il la voit descendre, il ne faut pas pour cela les prendre à la lettre.

XIII

Par le mariage du roi avec la reine, les métaux sont séparés des matières hétérogènes, et sont dépurés de leurs soufres impurs. Par cette opération, le composé se trouve en partie dépuré de tout alliage mauvais, que la nature y avait introduit. Cependant ces soufres impurs étaient nécessaires pour former les matières servant à notre œuvre ; le mâle et la femelle. Quand l'enfant animal vient dans le monde, ne vient-il pas avec beaucoup de saletés ? Ces saletés ont été nécessaires pour le former dans la matrice de sa mère. Voilà pourquoi les philosophes hermétiques observent que la forme ou agent cesse de travailler la matière passive, quand il a fini de la former ou qu'il l'a fixé, et qu'il ne cesse son mouvement et action, que quand il y a infusé sa vertu : alors il s'en sépare, et ne fait pas partie matérielle du produit ; sa vertu seule y reste. — Le feu corrosif nous en fournit un exemple, lequel cesse d'agir quand il a réduit tout en cendres, et qu'il n'a plus de matière combustible à travailler.

XIV

Toute chair née de la terre métallique sera dissoute, et[16] retournera en terre, afin que le sel terrestre qui est en elle, et qui en fait partie essentielle, aidé par une chaleur extérieure, puisse faire produire un nouveau germe à cette terre nouvelle : car s'il ne se faisait pas une nouvelle terre, nous ne pourrions pas observer un nouveau germe, sans lequel il ne peut y avoir une nouvelle et parfaite naissance, ni multiplication en l'œuvre d'alchimie.

XV

Les métaux imparfaits ne portent pas toujours avec eux la vertu vitale et multiplicative ; ce qui est parfait par la nature en reste quelque fois à ce point. Il faut donc laisser les métaux parfaits pour faire la pierre philosophale, et ne prendre que ceux qui sont en chemin pour y arriver, je veux dire, l'or et l'argent philosophiques.

XVI

Tout fût créé parfait par l'auteur de toutes choses. — Le feu corrosif nous en fournit un exemple, lequel cesse d'agir quand il a réduit tout en cendres, et qu'il n'a plus de matière combustible à travailler. — L'imperfection n'est que le résultat de la malédiction que Dieu répandit sur la terre, et à tout ce qu'elle contient et produit, à cause du premier péché.

XVII

La fin que le philosophe hermétique se propose en travaillant à la pierre philosophale, c'est d'obtenir un produit dans lequel réside la vertu de fixer et de teindre le mercure des métaux, et de les pousser jusqu'à la perfection de l'or fin, ou une médecine pour guérir, de même qu'au animaux et végétaux, des maladies que la nature n'a pu les dégager ou les exempter, ainsi que celles qu'ils acquièrent par une mauvaise manière de vivre ; et cette guérison ne se fait qu'en augmentant en eux leur esprit vital, qui alors les fait vivre sans aucune indisposition.

---

16. La dissolution de la chair métallique, doit être faite de manière qu'elle conserve son esprit vital ; à quoi on parviendra, en la faisant par elle-même, et par son moyen ou vertu.

XVIII

La terre fluidificante, que le philosophe labourant doit extraire des métaux, quand elle est dépurée des parties grossières, doit être jointe à la matière universalissime qui lui servira de véhicule. Alors par cette opération deviendra première matière ou première semence du règne métallique, et contiendra la forme, l'âme, et sera appelée l'esprit universel de l'alchimie. Et cette première matière ou première semence (quoique parfaite) ne pourra manifester sa vertu, ni produire son germe que par le moyen de la putréfaction, laquelle lui communiquera et y ajoutera la facilité de se multiplier à l'infini.

XIX

Par la réunion des trois principes, et par l'action de leurs différentes vertus et qualités, est produite la première fermentation, laquelle introduit dans la semence qui en est le résultat, (alors devenue première semence le moyen de parvenir au deuxième degré, qui est la putréfaction ; laquelle lui donne et lui communique le pouvoir de se développer, de produire son germe et de manifester la vie qui était cachée dans les premières natures, servant à sa confection.

DIX-HUITIÈME LEÇON

PREMIER CHAPITRE
L'homme peut se rendre presque immortel par l'usage de la médecine universelle ; et attendre sur la terre, jusqu'à l'avènement de Jésus-Christ, qui viendra pour juger les vivons et les morts.

À la quatrième leçon de ce présent Cours d'alchimie, et à la deuxième note, j'ai démontré que l'homme avait deux vies en lui qui le rendaient parfait et le différenciaient des autres animaux : l'une *terrestre* et *végétative*, et l'autre *céleste et immortelle.* — Ce qui m'a obligé de rapporter une résurrection ou empêchement de mourir en la personne du sieur Candy, mécanicien de la ville de Lyon ; et duquel j'ai donné l'adresse, pour que les incrédules puissent se convaincre de la vérité de ce que j'ai avancé.

Mais comme cette résurrection n'a été opérée que par la vertu de la médecine universelle qui lui fut administrée par M. Leriche, maréchal-ferrant et philosophe hermétique, demeurant au faubourg Saint-Antoine, à Paris ; avant que le corps dudit Candy décédé eût totalement perdu la vie terrestre végétative ou première vie, laquelle unissait l'âme divine immortelle avec son corps matériel, dans lequel cette première vie la retenait encore quoique décédé. J'ai cru devoir bien réfléchir si, en continuant d'employer cette même médecine universelle dans le même corps ressuscité, on ne pourrait pas le faire vivre bien plus long-temps encore.

Et après avoir bien examiné tout ce qui peut se faire d'avantageux, par l'emploi, à temps opportun, de cette divine médecine ou panacée, je me suis convaincu que l'homme qui avait été créé à l'image et à la ressemblance de Dieu, par conséquent parfait et immortel comme lui, pouvait parvenir par l'usage de cette médecine universelle (principe de vie et ennemie de la mort) à conserver en lui cette immortalité pendant plusieurs siècles ; se tenir toujours en bonne santé, et aller même jusqu'à l'avènement de Jésus-Christ, pour être jugé sur la terre avec tous les vivants et les morts.

Voici comment j'ai pu me convaincre de cette vérité :

« Dieu tout puissant, embrassant le passé, le présent et l'avenir, en créant l'homme à son image et à sa ressemblance, a voulu le rendre parfait ; et il n'a pu être parfait qu'en le créant immortel, sans cela l'homme n'eût pas été distingué, ni différent des autres animaux : ce qui n'entrait ni dans la volonté ni dans le plan du Créateur. »

L'homme ayant donc été créé parfait et immortel, n'a perdu ce grand avantage (à cause du premier péché) que dans sa partie matérielle le composant ; aussi, ce n'est que dans cette partie seulement qu'il a été condamné aux souffrances, aux privations et à la mort. Alors il n'a resté en lui que l'âme divine, qui soit immortelle ; laquelle, comme je l'ai dit et prouvé à la deuxième note de la quatrième leçon, ne quitte le corps matériel, périssable, que quand ce dernier n'a plus en lui de vie végétative ou première vie : laquelle fait l'union de l'âme divine avec la matière.

L'homme avant de subir la mort corporelle à laquelle il a été condamné, peut, par l'usage de la médecine universelle, éloigner de lui cette mort et prolonger ses jours en bonne santé pendant plusieurs siècles ; mais quoi qu'il ait ce grand avantage, il doit finir un jour ; et ce n'est qu'après avoir fini et subi la condamnation que le premier péché lui a méritée : qui est la mort corporelle ou séparation élémentaire, laquelle l'homme (dans le corps matériel duquel il reste toujours un peu de chaleur, qui est la fin de son principe vital ou première vie) ne peut se dispenser de subir, puisque Dieu l'a voulu ainsi et que son fils unique, Jésus-Christ, s'y est soumis. C'est alors seulement que l'homme, qui a payé le tribut auquel son corps matériel a été condamné, est remis au même point de perfection dont il avait été déchu, et se trouve en chemin et en liberté de pouvoir jouir de cette immortalité que le Tout-Puissant lui avait donnée en le créant. — Il pourra donc alors, étant revenu à la vie par le même moyen qui fut employé en faveur du sieur Candy de Lyon, éloigner la mort et prolonger ses jours bien plus encore par l'usage de cette divine médecine universelle prise à propos[17] ; à quoi il parviendra par le moyen de la première vie (qui unit les extrêmes) à laquelle la médecine universelle communique, donne et continue le moyen de pouvoir retenir l'âme divine, immortelle, dans son corps matériel. — Mais pour le rendre à la vie après qu'il est mort et qu'il a subi la séparation élémentaire, on doit avant opérer et employer la médecine universelle sur le corps mort, comme a fait M. Leriche, philosophe hermétique, quand il a ressuscité le sieur Candy ; lequel ayant subi la mort corporelle, pourrait (s'il avait de la médecine universelle pour pouvoir en alimenter son corps) vivre en bonne santé, et prolonger ses jours jusque à l'avènement de Jésus-Christ.[18]

Si donc les hommes peuvent se rendre presque immortels dans ce monde, qui n'est qu'un passage pour nous rendre à l'autre, ils ne doivent pas douter (comme font grand nombre) que nos corps matériels seront glorifiés et rendus semblables au corps de Jésus-Christ, dont nous sommes les membres, et que nous jouirons éternellement de la gloire de Dieu notre créateur, et de le voir face à face : ce qui n'arrivera que quand l'homme aura entièrement satisfait à la justice divine.

---

17. La vertu de la médecine universelle, que le philosophe hermétique tire des métaux et minéraux, dans lesquels Dieu l'a mise, est si grande, qu'elle est inappréciable par le pouvoir qu'elle a de rendre l'homme presque immortel sur terre, en tenant toujours les éléments qui l'ont constitué dans une égale température, et en fortifiant et augmentant sa vie terrestre végétative, ou première vie, par le moyen de laquelle première vie l'union du corps terrestre avec l'âme céleste est maintenue. Les amateurs de la chimie hermétique qui cherchent dans les autres deux règnes, cette médecine universelle ; travaillent inutilement ; ils s'abusent : et s'ils parviennent à tirer quelque chose de ces deux règnes, ce ne peut être qu'un produit que le feu peut détruire. — L'or et l'argent seuls, étant indestructibles, peuvent leur donner l'objet désiré.
18. Ce que j'avance ici ne doit étonner personne, puisque il est reconnu par tous les philosophes hermétiques, que la médecine universelle est ennemie de la mort, étant de même nature et pureté que l'âme céleste. Ce sont deux sœurs immortelles, sorties du même principe, et qui ont reçu du Créateur de grands avantages. L'une, de renarde l'homme parfait ; et l'autre, de pouvoir le tenir toujours sur la terre en bonne santé.

Pour donc bien prouver et bien baser que l'homme peut parvenir à prolonger ses jours, même après sa mort, il faut le considérer de deux manières, ou comme ayant été créé deux fois :

Par la première, il doit être considéré comme sortant des mains de Dieu qui, pour le rendre parfait, immortel et ressemblant à lui-même, le créa des plus purs éléments ; l'anima par son souffle ; lui unit une âme immortelle, une étincelle de lui-même et lui donna pour demeure le paradis terrestre, correspondant au paradis céleste. Mais l'homme ne pouvant pas se multiplier lui seul, Dieu lui donna une femme qu'il sortit de lui-même. Alors ces deux êtres premiers, sortant de la même racine, ne furent qu'une même chair composée de la même matière élémentaire, et ne formèrent qu'un seul et même corps ; et ce corps, pour remplir le plan du Créateur, reçut cette bénédiction, cet ordre : « Croissez et multipliez. »

Mais par une fatalité dont il n'est pas possible à l'homme de se rendre compte, le premier homme manquant d'expérience se rendit coupable par le péché : péché qui fut plutôt le produit de la méchanceté, que de l'amour ; de la bonté et croyance, que de l'ingratitude.[19]

Par la deuxième, alors s'étant rendu coupable par le péché, il doit être considéré comme étant déchu de l'immortalité corporelle et condamné à la mort, ou séparation élémentaire ; par conséquent à quitter cette terre frappée de malédiction, et sur laquelle il devait rester éternellement.

Par la première, le premier homme n'avait pas en lui de vie terrestre végétative ou première vie, pour unir son *corps matériel* avec *l'âme céleste* ; il n'en avait pas besoin, puisque son corps avait été formé des éléments incorruptibles et avait été animé par Dieu, par conséquent parfait et immortel ; et que tout ce qu'il aurait mangé était de même très pur, comme les principes dont il avait été créé. Aussi, dans cette première perfection humaine, on n'aurait pas pu distinguer la matière de la forme, puisque l'âme ou la vie céleste et immortelle qui lui avait été donnée par le Créateur était de même principe et avait la même

---

19. Inversion constatée dans le texte original. (N. D. E.)

pureté que la matière qui avait servi à la formation de son corps, et à laquelle la vie céleste qui l'animait avait été et restait unie sans la nécessité d'un esprit mitoyen.

Par la deuxième, après sa chute l'homme fut maudit, ainsi que sa postérité ; et il fut condamné au travail, aux souffrances, aux maladies et à la mort corporelle. Et ce ne fut qu'alors, que son corps matériel déchu fut distingué et en dessous de l'âme immortelle que Dieu lui avait donnée ; laquelle, à cause de sa grande et parfaite pureté, ne pouvait plus rester unie avec un corps dégradé et souillé par le péché. Mais pour que l'âme divine, immortelle, pût rester unie avec le corps matériel déchu de sa pureté ; et que l'homme, en se multipliant par l'engendrement, pût conserver la perfection et le pouvoir de se rendre presque immortel sur la terre par la vertu de la médecine universelle. L'homme corporellement reçut une vie nouvelle produite par la putréfaction des semences contenues dans les éléments dont il était composé, mais périssable, que j'ai nommée *vie terrestre végétative, ou première vie*[20], par le moyen de laquelle son corps matériel déchu pût être toujours uni avec l'âme divine immortelle. Par ce deuxième don, Dieu laissa en l'homme pécheur par faiblesse, l'immortalité dont il l'avait revêtu et comblé ; sans laquelle il n'aurait pas été parfait, ni digne de son Créateur.

Il est donc prouvé que l'homme a deux vies en lui : l'une *mortelle* et l'autre *immortelle*, et qu'il réunit aussi en lui un corps matériel périssable, une vie terrestre végétative et une vie céleste immortelle : ce qui le rend parfait.

---

20. Cette deuxième vie, que le premier homme reçut de son Créateur après avoir péché, devint première vie terrestre végétative dans tous ses descendants, et forma en lui une deuxième perfection humaine. Elle ne lui fut donnée qu'après s'être rendu indigne de la première, qui le rendait parfait et immortel sur la terre ; laquelle formait sa première perfection, et le rendait presque égal à son Créateur. Les descendants du premier homme, naissant par engendrement dans le premier péché dont il s'était rendu coupable par faiblesse, n'ont pu jouir que du deuxième don, et n'ont pu se multiplier que dans l'imperfection, je veux dire par le moyen de la putréfaction des semences contenues dans la matière, que le premier péché avait rendue sujette à la corruption, à la mort.

Tant que la vie terrestre ou première vie, qui n'est qu'une chaleur, un feu élémentaire, reste dans le corps de l'homme décédé (laquelle ne l'abandonne que quand son corps est tout à fait froid dans toutes ses parties), l'âme divine immortelle en fait encore partie.

L'homme peut donc (par le moyen de cette première vie qu'il conserve encore dans son corps après avoir subi la mort corporelle ou séparation élémentaire à laquelle il a été condamné) revenir à la vie, en se servant de la médecine universelle que Dieu a mise dans les métaux et minéraux, laquelle a la vertu de communiquer, d'augmenter et de continuer, à la *vie terrestre végétative* ou *première vie* (qui n'abandonne le corps matériel, comme je l'ai dit, que quand il est tout à fait froid dans toutes ses parties), le pouvoir de retenir dans ledit corps matériel de l'homme l'âme divine immortelle : ce qui ne pourrait être, si la médecine universelle ne tirait pas son origine des plus purs éléments non sujets à la corruption (desquels le premier homme fut composé) ; ce qui la rend égale à l'âme divine. Toutes les deux, comme nous l'avons dit, sont deux sœurs qui sortent de la même source et de la volonté de la même puissance ; et c'est cette parenté qui donne à la médecine universelle le moyen de maintenir, continuer et d'augmenter la vie terrestre végétative ou première vie aux corps humains qui sont au moment de la perdre, en alliant et unissant les extrêmes et en accordant les contraires : les matières et les esprits les composants.

DEUXIÈME CHAPITRE

Pour bien opérer, il faut avoir soin, avant le total refroidissement du corps matériel, d'aider et d'augmenter par la médecine universelle cette première vie terrestre et chaleur, ou feu élémentaire qui reste dans le corps de l'homme ; et en lui en administrant à propos la quantité suffisante, il ne sera pas difficile d'y parvenir et par là le faire vivre toujours. Ce qui sera aussi facile à faire, comme il est facile d'empêcher une lampe ardente de s'éteindre ; à quoi on parvient en lui fournissant continuellement l'huile suffisante qui lui sert de nourriture et lui conserve la vie.

Il faut donc, quand l'homme a rendu son dernier souffle et qu'il a subi la mort corporelle à laquelle il a été condamné, ne pas attendre que son corps soit totalement froid pour pouvoir le rappeler à la vie ; il faut de suite l'oindre plusieurs fois extérieurement de la médecine universelle dissoute dans de l'esprit de vin, et lui en donner aussi un peu intérieurement qu'on dissoudra dans un véhicule moins fort. Cette opération, pour être bien faite, doit se faire devant un grand feu et à l'abris du vent ; il faut aussi que le corps de l'homme, imbibé et oint de médecine dissoute, se sèche plusieurs fois par le moyen de la chaleur du feu auprès duquel on le mettra et l'entourera, et jusqu'à ce qu'il donne une marque visible de retour à la vie on opérera de même. Puis on le mettra dans un lit bien chaud, et quand il aura recouvré complètement la vie il pourra se conserver toujours vivant et en bonne santé, de jeunesse et de force complètes. C'est le moyen que Dieu accorde à l'homme philosophe hermétique pour se conserver sur la terre jusqu'à l'avènement de Jésus Christ ; ce qui est une marque très grande de son amour pour la créature.

TROISIÈME CHAPITRE

Pour se bien convaincre de la possibilité de pouvoir faire revivre ou ressusciter l'homme et de le tenir longtemps vivant sur la terre, il faut bien réfléchir sur la difficulté qu'ont certains animaux de mourir, et d'autres, quand ils sont morts, de facilité à revenir à la vie.

Voici des exemples qui viennent à l'appui de mon système :

« Les cigales meurent et reviennent ou se reproduisent de leur graine. Les cigales quand elles ont cessé de chanter pendant l'été meurent quelques jours après ; leur corps se dessèche et tombe sur terre en plusieurs morceaux, lesquels s'y mêlent par le moyen de la charrue, et ces morceaux sont leur graine de laquelle elles reprennent vie dans la terre qui leur sert de matrice. L'hiver passé, elles en sortent petites et blanches, végètent et noircissent ; et quand elles sont grosses, elles montent sur les arbres et sur les oliviers, chantent pendant quinze jours de suite et meurent quelques jours après. »

« Les serpents sont très difficiles à mourir. »

« Les polypes, d'après Réaumur le naturaliste, quoique partagés en plusieurs parties, vivent également dans toutes les parties ou morceaux. »

« Les mouches, quoique mortes dans l'eau, reviennent à la vie en les couvrant de sel marin pilé fin. On a vu sur le port au vin, à Paris, une grande quantité de mouches qu'on venait de sortir d'un tonneau plein de vin arrivé nouvellement d'Espagne, et qu'on avait laissées sur ledit tonneau reprendre la vie quelques heures après le moyen de la chaleur du soleil qui les ressuscita ; elles étaient cependant mortes depuis trois mois au moins. »

« Les crapauds, quoique percés au milieu du ventre, vivent encore plusieurs jours. »

« Au sixième volume du Dictionnaire philosophique de Voltaire, article *Polypes*, page 175, on y trouve ; Regardez le colimaçon qui marche un mois, deux mois entiers, après qu'on lui a coupé la tête ; et auquel ensuite une tête revient garnie de tous les organes que possédait la première. »

Si donc dans certains insectes, reptiles et autres animaux il y a un double principe de vie, ce qui les approche de l'immortalité, nous ne devons pas douter que dans l'homme créé à l'image et à la ressemblance de Dieu il y ait aussi un principe d'immortalité bien plus grande encore, sans lequel, comme je l'ai dit, la créature humaine ne pourrait être parfaite, ni ne pourrait se rendre presque immortelle sur terre. Il en est de la possibilité de l'immortalité humaine, aux yeux d'un très grand nombre d'hommes judicieux, comme de beaucoup d'autres avantages donnés à l'homme ; desquels ils doutent complètement : par la seule raison que ces avantages n'ont pas été démontrés en leur présence.

Les hommes, en général, ne croient que ce qu'ils voient, et grand nombre sont très portés à se persuader qu'il leur est permis de douter de tout ce qu'ils ne voient pas : c'est une incrédulité que beaucoup d'hommes s'obstinent à garder ; et quelques grandes connaissances qu'ils aient, on pourrait leur dire qu'ils n'ont pas toujours raison de douter de tout. Ils jugeraient bien plus sainement, s'ils croyaient que l'homme peut parvenir à tout quand Dieu, qui l'a créé, le permet. *Quid retribuam domino, pro omnibus quae retribuit mihi !*

DIX-NEUVIÈME LEÇON

Lettres écrites à deux personnes marquantes et offre faite à plusieurs de leur faire faire un grand bénéfice.

PREMIÈRE LETTRE.

Paris, le 26 août 1823.

À MONSIEUR, A LUI-MÊME

Monsieur,

Une découverte extraordinaire, à laquelle les hommes en général n'ajoutent aucune croyance, sur laquelle il a été écrit un grand nombre de volumes, et au travail et recherche de laquelle beaucoup de savants, d'hommes riches se sont trop souvent livrés en vain : reconnue par les uns, rejetée par les autres, enfin la *pierre philosophale* et la *médecine universelle.*

— Voilà, monsieur, ma découverte que je désire finir, et que mon peu de moyens pécuniaires me met dans le cas de ne pas pouvoir.

Plusieurs personnes avec qui j'en ai parlé, m'ont promis de fournir l'argent nécessaire ; quelques jours de réflexion ou de mauvais conseils donnés, ont suffi pour ne pas le faire.

— D'autres s'en sont dégoûtés d'après le conseil des personnes auxquelles ils en avaient fait part. — Enfin il en a été de même avec d'autres qui, ayant de la fortune et de grands noms, portés par leurs connaissances naturelles à croire à la possibilité de la transmutation métallique, non seulement m'ont offert le peu d'argent qu'il faut, mais bien au-delà ; et quoique cela je n'ai pu rien faire avec eux à cause de leurs trop hautes prétentions qu'ils portaient jusqu'à exiger de moi que je leur montrerais cette *divine science* ; et quelque raison que je leur aie donnée pour leur prouver que je ne pouvais, ni ne devais donner à personne une science que je ne tenais que par inspiration divine, ils ont toujours persisté à la vouloir.

Si vous, monsieur, qu'une colossale fortune met dans le cas de ne pas tenir à l'argent, voulez m'aider par des petites avances, je ne vous offrirai pas comme aux autres de l'argent, n'en ayant pas besoin ; mais je vous offrirai quelque chose de plus précieux que tout l'or du monde ; la *médecine universelle*, la *panacée*, tant pour vous que pour vos enfants avec laquelle vous entretiendrez votre vie et votre santé, et vivrez cinquante années de plus sans aucune infirmité par l'usage de celte *divine médecine* que je vous offre de bon cœur, et en reconnaissance de la confiance que vous m'accorderez, et que le temps vous prouvera que je mérite.

Si mon offre vous plaît, répondez-moi, je vous prie et croyez-moi, monsieur, votre très humble serviteur,

Louis CAMBRIEL. »

« P.S. Je vous préviens, monsieur, que ma démarche et mon offre qui peut paraître insidieuse à certains hommes, ne vous sera jamais faite par personne, quelque nombre d'années que vous puissiez vivre.

Ceux qui ont le bonheur de posséder cette *divine médecine*, n'ont besoin de l'argent de personne. — Moi seul me trouve (quoique possesseur d'un aussi grand secret) obligé par mes besoins à faire cette grande offre, et qu'après une mure réflexion, vous ne refuserez pas, je crois.

» LE DIT. »

DEUXIÈME LETTRE.

Offre extraordinaire que le soussigné se permet de faire à S.A.R. monseigneur le prince de Condé.

Je me suis maintes fois consulté avec moi-même, si je devais ou non me découvrir, et faire une offre extraordinaire sans m'exposer à des repentirs. — Après une mûre réflexion je me suis convaincu qu'en m'adressant à un prince religieux et naturellement porté à être utile à ses semblables, je n'aurais qu'à m'en féliciter. — Dans cette ferme persuasion, je me suis décidé à vous écrire la lettre suivante :

Monseigneur,

Offrir à Votre Altesse Royale l'avantage de vivre soixante années de plus et en bonne santé (je veux dire sans être sujet aux maladies pendant tout ce temps), le faire revenir à l'âge de trente-six ou de quarante ans, c'était le moyen de le mettre à même de laisser après lui des descendants et prolonger sa postérité.

Voilà, monseigneur, ce que je viens vous proposer, non seulement pour vous personnellement, mais même pour la personne à laquelle vous vous intéresseriez le plus.

Mon offre vous paraîtra peut-être bizarre, folle, donnera lieu au ridicule, mais n'en sera pas moins franche.

C'est dans les contes des fées (me direz-vous peut-être) que l'on trouve la fontaine de Jouvence. — C'est vrai, mais elle n'y est représentée que comme une chose fabuleuse et pas du tout réelle, quoiqu'il soit très véritable qu'elle existe ; et c'est de ce dont je puis vous assurer, monseigneur, puisque j'ai le bonheur de posséder la manière de la rendre visible et de vous en faire jouir. — C'est la véritable médecine universelle créée par Dieu, par la vertu de laquelle toute maladie est guérie, toute vieillesse est rajeunie : puisque par son moyen et vertu l'homme redevient jeune et se dégage de tout germe de maladies en lui rendant sa fraîcheur, et en le rétablissant dans un état parfait.

Vous me ferez observer peut-être, monseigneur, qu'il est rare que l'homme puisse vivre plus d'un siècle, et que le temps nous prouve que les hommes en général ne vont pas plus loin.

Je répondrai à cette observation, que le temps et l'expérience sont contre moi et contre mon offre ; mais que si nous remontons aux premiers siècles qui ont suivi la création de l'homme, nous y verrons que nos premiers pères ont vécu trois cents, cinq cents et même jusqu'à huit cents ans.

L'homme d'aujourd'hui ne pourrait-il pas avoir les mêmes avantages que l'homme d'alors ? Dieu nous aurait-il privés de pouvoir le bénir longtemps sur cette terre ?.. Je ne puis le croire, tout me dit le contraire, et si l'homme meurt si tôt c'est qu'il n'a pas pu jouir de la médecine universelle tant discréditée dans ce monde, ou n'a pas voulu prendre la peine de la chercher. — Les moyens de la trouver sont partout…, deux mille volumes en traitant, et écrits par des hommes de toutes les nations et en toutes langues devraient nous convaincre de son existence. Moïse, le législateur des Juifs, en a traité dans la *Genèse*, chapitre de la création, en la désignant par *l'arbre de vie* et de celui de la science du *bien* et du *mal*.

Pourquoi et quelle raison Dieu aurait-il eue pour priver l'homme d'aujourd'hui ce grand avantage, quand il a béni toute la postérité humaine en la personne d'Adam et dans les trois principes servant de base à sa procréation, et que les trois règnes n'ont été créés que pour lui seul. — Il n'est pas dans les principes ni volonté du Tout-Puissant, après avoir (à cause du premier péché) puni l'homme par le travail, les privations et les souffrances, de lui ôter les avantages qu'il lui avait donnés. — Il a voulu seulement que les hommes en général ne les eussent point pour leur ôter les moyens de nuire en les employant mal ; mais il a voulu (comme il nous est prouvé par tous les livres traitant de cette divine science) que quelque créature les possédât et s'en servit comme font les philosophes hermétiques pour l'avantage de quelque autre créature ; et c'est de ce dont je suis convaincu moi-même.

M'étendre davantage sur ma proposition, et pour la prouver possible, l'appuyer des noms de ceux qui ont possédé ce grand secret, soit en France, par Arnaud de Villeneuve, le comte de Saint-Germain, Zachaire et Flamel de Paris. — En Allemagne, par Basile Valentin. — En Angleterre, par Philalèthe. — En Italie, par le Trévisan et par l'auteur des *Fables égyptiennes et grecques dévoilées*, par Pernety. — En Égypte, par Hermès et nombre d'autres, ce serait peut-être vous ennuyer. — Je m'arrêterai et finirai par vous dire que, si ma proposition peut vous plaire et que vous veuilliez jouir des avantages qui en résulteront, les dépenses à faire ne sont presque rien et ne dépasseront pas 6000 fr. — Cette somme est plus que suffisante pour travailler, me loger, et m'entretenir pendant deux ans, temps suffisant pour parvenir à la fin. — Par ce moyen vous me procurerez l'avantage de faire et de finir la plus belle science et découverte qui soit au monde, qui est le produit du grand œuvre des philosophes hermétiques.

Veuillez, monseigneur, m'honorer de votre réponse, en attendant ce grand avantage ;

J'ai l'honneur d'être très parfaitement, de S.A.R. monseigneur le prince de Condé, » Le très humble et très obéissant serviteur,

Louis CAMBRIEL. »

Paris, le 14 novembre 1825.

TROISIÈME CHAPITRE

L'auteur du présent traité d'alchimie qu'on vient de lire, ne pouvant pas faire par lui-même les frais que nécessite le travail hermétique qui demande deux ans de temps environ, a fait insérer plusieurs fois dans les *Petites Affiches* l'avis suivant (*Offre d'un grand bénéfice*), et il a eu le désagrément de ne trouver que des hommes incrédules quoique fortement attachés aux biens terrestres. Aucun n'a voulu lui accorder sa confiance ; ils ont même douté de la vérité de la science, et ont méprisé les offres qui leur ont été faites de les faire participer aux grandes vertus quelle contient. Deux personnes seulement ont cru la chose possible et lui ont offert 6 000 fr. ; mais ils y ont mis cette dure condition (qu'il n'a pu accepter) qu'il leur montrerait en entier la chimie hermétique, et que toutes les opérations s'en feraient devant eux ; ce qu'il n'a pu faire ni ne devait faire.

Ils se sont entêtés à persévérer dans leur demande, c'est ce qui a tout empêché.

Il a offert dans le temps et par lettres les grands avantages de la médecine universelle à des hommes savants, distingués, enfin à des grands personnages, même à des millionnaires ; ils y ont ajouté si peu de croyance que ses offres ne lui ont pas même mérité l'honneur d'une réponse. De combien d'avantages ils se sont privés ! Ils l'ont sans doute pris pour un homme exalté, pour un visionnaire !

OFFRE D'UN GRAND BÉNÉFICE.

Il a été reconnu de tout temps par la majeure partie des hommes que la pierre philosophale était impossible à trouver ; qu'elle n'était qu'une chimère, une folie, et que tous ceux qui la cherchaient (quoique sages et prudents) ne s'étaient toujours attiré d'autre mérite, que celui d'être classés parmi les fous.

Comme nous sommes convaincus du contraire par une longue expérience, et que nous sommes parvenus par un travail de vingt-sept ans à trouver le moyen de pouvoir réduire tous les métaux ordinaires en or fin, et que nous nous sommes assuré de la vérité de la transmutation métallique de cette divine science, nous ne craignons pas de nous exposer au ridicule de ceux qui n'auront pas voulu prendre la peine de se convaincre de sa réalité.

Nous osons donc offrir *vingt-cinq mille francs* de bénéfice pour chaque mille francs prêtés, à celui qui voudra nous accorder sa confiance, et qui voudra nous fournir 6 000 fr., somme suffisante pour finir notre découverte, laquelle somme ne nous sera remise qu'en dix-sept payement, un chaque mois, sauf le premier qui sera de 1 200 fr.

Si cette offre qui paraît dans son abord aussi difficile à pouvoir remplir que l'est la découverte même, peut plaire à quelque amateur de fortune, ou l'assure d'avance qui n'aura qu'à se louer de s'être lié d'affaires avec le proposant, qui donnera sur sa moralité tous les renseignements qu'on pourra désirer.

Si le grand commerce qui entreprend toute sorte de spéculations, et toujours avec beaucoup moins d'avantage, et qui expose de gros capitaux pour gagner 10, 15 et tout au plus 30 p. 100, trouve dans cette offre un bénéfice assez fort, il peut en accepter une partie, ou l'offre entière.

S'adresser, franc de port, à L. C..., chez M. Rivet, menuisier, rue Judas, n° 8, à Paris.

EXPLICATION DE QUELQUES ARTICLES DES CINQ PREMIERS CHAPITRES DE LA GENÈSE

SI tous ceux qui ont cherché à découvrir le vrai sens des articles des cinq premiers chapitres de la Genèse (lesquels ont tant embarrassé les chercheurs, comme le dit M. Freret, dans son examen critique des apologistes, chapitre XI), et que ces messieurs, tout savants qu'ils étaient, eussent su, ou cru à la *pierre philosophale* et à la *médecine universelle*, son produit, ils auraient regardé ces articles obscurs, comme cachant des vérités alchimiques, et alors ils seraient parvenus à trouver le sens caché de tout ce que Moïse en avait écrit.

Ce législateur était alchimiste ; il ne pouvait pas écrire plus clairement. Il traitait de la science hermétique, et se servait de son idiome pour démontrer en même temps *la création de l'univers, par le Tout-Puissant.*

Sa sœur, Marie la prophétesse, était aussi alchimiste. Ces deux grands personnages, placés par Dieu pour conduire et donner des lois à son peuple d'Israël, auraient dû prouver à ces mêmes chercheurs de la vérité, que la science hermétique était réelle, qu'elle avait été, et qu'elle serait de tout temps, et, qu'ils n'auraient pas dû s'entêter, comme font les savants d'aujourd'hui, à douter de cette divine science (par cela seul qu'ils ne le savaient pas) ; s'ils s'étaient conduits par la foi, ils ne l'auraient pas regardée comme fausse ou introuvable, et n'auraient éprouvé aucune difficulté, et se seraient rendus familiers tous les articles des premiers chapitres de la création, qu'ils n'ont trouvés que fabuleux ou inexplicables. « Les eaux au-dessus du firmament ; les jours avant » le soleil ; et plusieurs autres choses de cette nature ne les » auraient pas étonnés. »

Je tâcherai dans ce chapitre et suivants, d'en démontrer le sens caché ; les expliquer autant que la science hermétique me le permettra, et prouver aux incrédules de l'alchimie la vérité de cette divine science, par les obscurités mêmes que les savants ont trouvées dans les articles des cinq premiers chapitres de la Genèse.

PREMIER, DEUXIÈME ET TROISIÈME JOUR DE LA CRÉATION

Dieu, avant out créa la lumière et deux paradis ; le paradis *céleste* et le paradis *terrestre*. Et ces deux paradis furent séparés par le firmament séparateur, ou ciel ; et le tout forma et fut nommé l'univers ; et Dieu dit, que la lumière soit, et la lumière fut.

Dieu travailla les trois premiers jours de la création, à la lueur de cette même lumière éparse, qu'il avait créé le premier jour, et il ne la rassembla, ou sépara des ténèbres, le quatrième jour ; que pour former le soleil céleste, « (comme font les philosophes hermétique, qui rassemble aussi la lumière contenue dans les m étaux, pour en former leur soleil hermétique.) » Et alors les jours furent séparés des ténèbres, ou de la nuit. Dieu n'eut donc besoin pour les premiers jours de son ouvrage, que de la lumière éparse, produite du mouvement ; de lui-même, qui avec les ténèbres ou le repos, formaient le *chaos divin*, et Dieu en débrouillant ce chaos, en créa tout.

Et quoiqu'il paraisse vrai, qu'il n'a pas pu y avoir de jours avant le soleil, il ne sera pas impossible de prouver, que le créateur a pu travailler les trois premiers jours qu'il a faits avant le soleil ; et qu'il n'a été ou n'a voulu être éclairé, dans son travail, que par la lumière éparse, et que cette lumière première, ayant été ramassée ou rassemblée, le *soleil céleste* en a été formé, et qu'alors, comme avant, il y eu le soir et le matin.

Dieu dit que le firmament soit fait au milieu des eaux, et qu'il sépare les eaux d'avec les eaux ; ce qui fut fait. Et le firmament séparateur des eaux ou ciel, il fut fait deux corps lumineux, pour éclairer la terre ou paradis terrestre.

Dieu alors fit deux grands luminaires, l'un pour présider au jour, l'autre à la nuit. Ce qui fut fait le quatrième jour de la création.

« Le soleil et la lune, créés par Dieu, sont bien distingués, et plus beaux, et plus parfaits que les autres astres, et au-dessus de tous. Le soleil nous éclaire pendant le jour, la lune nous éclaire pendant la nuit, mais pas toujours, parce qu'elle n'est pas toujours éclairée elle-même, par le grand astre, le soleil. »

« De même dans l'ouvrage hermétique, le soleil ou l'or, qui en est le père, ou l'agent ; et la lune ou l'argent, qui en est la mère, ou le patient, ne parviennent à produire l'enfant orifique, ou à la perfection et fin de l'ouvrage ; que quand la lune ou l'argent, a reçu du soleil ou de l'or, cette première clarté, cette vertu, cette forme solaire, que le mari, ou l'or des philosophes lui communique. »

« Et que même l'astre lunaire n'éclaire aussi la terre ou le globe, que par la lumière réfléchie du soleil. De même notre lune, notre argent philosophique, n'éclaire et ne perfectionne l'ouvrage, que quand elle a montré et prouvé à l'artiste, que le soleil ou l'or s'est uni avec elle, et que cette dernière a été engrossée par le feu naturel de l'or, et qu'elle ne tient toute sa vertu, sa fécondité, que du soleil métallique son mari, et qu'alors tous les deux se baignent, ou se peuvent baigner dans une même source. »

SIXIÈME JOUR DE LA CRÉATION

Dieu créa l'homme à son image et à sa ressemblance ; il le créa mâle et femelle ; il les bénit et leur dit : croissez et multipliez.

« Adam fut donc créé à l'image de Dieu, et fut placé dans le jardin délicieux, qui était dans le paradis terrestre, que Dieu avait créé le premier jour, pour qu'il le gardât et le cultivât. Et au milieu de ce même jardin, étaient plantés *l'arbre de la science du bien et du mal* et *l'arbre de vie*.

La terre du jardin délicieux qui était dans le paradis terrestre, créé par le Tout Puissant était une *terre rouge, couleur de feu, tachée de blanc*. C'était la terre adamique, de laquelle, Adam notre premier père fut formé et reçut la vie, dans ledit paradis, devenu, à cause du premier péché, le globe terrestre et l'habitation des hommes. »

« Le Jardin des philosophes hermétiques, qui est le même que celui désigné par Moïse, dans la Genèse, n'est composé que de cette terre rouge ; et ces messieurs ne travaillent d'autre terre, que celle qui a cette couleur. »

« Ces mêmes philosophes, dans tous leurs écrits, placent ce fameux jardin partout où ils se trouvent ; jamais à un endroit fixe du globe. »

« Moïse, dans la Genèse, l'a placé dans le paradis terrestre, mais n'en a pas désigné l'endroit. Il a dit seulement, qu'au milieu de ce jardin délicieux, on y voyait une source d'eau vive, qui arrosait ce jardin, et qui se divisait en quatre grands fleuves ; lesquels représentaient les quatre éléments métalliques, qui par leur union composaient et formaient cette divine source (ou l'arbre de vie) et fontaine de Jouvence et de rajeunissement, et s'appelaient le premier, Phison, et c'est celui qui coule autour du pays d'Hévila, *où il vient de l'or*, et l'or de cette terre ou fleuve, est très bon. C'est là aussi que se trouve le bdelion et la *pierre d'onyx*, aujourd'hui on dit *pierre philosophale*. »

« Le deuxième, le troisième et le quatrième n'ont pas besoin d'être désignés : le premier seul suffit pour prouver la vérité de ce que nous avançons, et que Moïse a obscurci. »

Ce fameux jardin, qui a toujours été caché aux hommes, représente et contient les principes alchimiques purifiés, les opérations ou travail et le produit en résultant, qui est la *médecine universelle*, ou *l'arbre de vie* désigné par Moïse. »

Adam fut mis dans ce jardin délicieux pour qu'il le gardât et le cultivât. « Adam représente ici le philosophe hermétique, à qui Dieu a donné la science, pour qu'il travaille pendant plusieurs mois la terre philosophique composant le jardin des alchimistes. »

La femme que Dieu donna à l'homme ne fut formée que d'une de ses côtes. « Ceci nous prouve le mariage des deux mercures sortant d'une même racine, ou de celui de l'or avec l'argent ; et aussi qu'Adam et Ève ne sont qu'une même chair adamique. »

Le créateur travailla six jours, et se reposa le septième.

1er. — « Ceci nous représente les six métaux ; et se reposa le septième, qui représente l'or ou la perfection du règne métallique. »

2ème. — « Le blé, le vin et l'huile sont la perfection du règne végétal. »

3ème. — « L'homme et la femme sont la perfection du règne animal. »

Adam notre premier père ne dut guère se mettre en peine ni des pays où coulait le premier fleuve, ni ne dut pas devoir en chercher la raison. « Ce fleuve, ou *Phison*, possédait en lui de très bon or, et on y trouvait aussi la *pierre d'onyx* ; c'est-à-dire le par moyen de cet or philosophique on pouvait parvenir à faire la *pierre philosophale* (ou la pierre d'onyx), nom seul dont les alchimistes désignent le grand œuvre, et peuvent parvenir à changer les métaux imparfaits en or, métal parfait. »

Adam avait été créé immortel dans sa partie matérielle élémentaire, de même qu'Ève ; sans cela, il n'aurait pas été différent des autres animaux : ce qui ne pouvait pas entrer dans le plan, ni la volonté de Créateur, puisqu'il l'avait créé à son image et à sa ressemblance. Il fut donc créé parfait semblable à son père ; et il devint mortel dans sa partie matérielle élémentaire, qu'après avoir mangé du fruit *de l'arbre de la science du bien et du mal*, duquel Dieu lui avait fortement recommandé de ne pas manger.

Adam s'étant rendu coupable par sa désobéissance et ayant péché, le Seigneur dit : Voilà Adam qui est devenu comme l'un de nous, chassons-le du *jardin délicieux* qui est dans le paradis terrestre, pour qu'il ne puisse pas s'approcher ni manger du fruit de *l'arbre de vie* qui le ferait *vivre éternellement* ; ce qui eut contrarié la volonté du Créateur et eut paralysé la condamnation de mort que le premier péché lui avait mérité. « L'arbre de la *science du bien et du mal* représente et renferme (comme il a été dit) les principes premiers ou les éléments métalliques nécessaires pour faire la *pierre philosophale* et obtenir l'arbre de vie, ou la *médecine universelle*, de laquelle Adam fut privé à cause de son péché. Ce qui nous prouve que l'homme qui a été créé immortel peut, par la vertu de l'arbre de vie ou *médecine universelle*, jouir sur la terre de sa première perfection. »

Adam ne fut déchu de sa perfection et chassé du jardin délicieux, qui était dans le paradis terrestre, qu'à cause qu'il avait trop écouté les flatteries et mensonges du serpent (ou du diable, nommé Vérin) qui parvint à tromper Ève, notre première mère, et à lui faire concevoir le premier enfant Caïn ; lequel tua Abel, enfant légitime, par envie de sa vertu. « Ici les matières, pour faire la *pierre philosophale*, sont personnifiées ; et la mort d'Abel, par Caïn, représente que dans le travail hermétique une matière tue l'autre et s'empare de sa vertu. Et la terre, ou Mercure, alors a ouvert sa bouche et a reçu le sang d'Abel, lorsque la main de Caïn l'a répandu.[21] »

Caïn n'ayant pas obtenu le pardon de son crime se plaint à Dieu, et lui dit que quiconque le trouvera le tuera. Dieu mit alors un *signe sur Caïn* pour que celui qui le trouverait ne le tuât pas.

« Ceci nous montre et nous donne la preuve de la vertu orifique de son frère Abel dont il s'était emparé. » Si réellement une créature, nommée Caïn, avait été le meurtrier d'Abel, son frère, autre créature ; Dieu n'aurait pas mis une marque sur Caïn, et n'aurait pas empêché qu'un fratricide fût puni.

Et qui aurait pu tuer Caïn ? Il n'y avait que lui sur la terre.

« Ceci nous prouve et nous démontre une preuve secrète hermétique, et doit faire bien voir et prouver aux incrédules que cette belle allégorie ou marque sur Caïn, traite et cache un secret alchimique. »

Dans la généalogie des enfants d'Adam, on voit que c'est Seth, le deuxième enfant légitime d'Adam, qui forme la postérité humaine.

« On ne parle plus de *Caïn* ni d'*Abel*, parce qu'en alchimie les matières ou natures qui se confondent ensemble en forment une troisième de laquelle seule on parle, les premières l'ayant produite ne sont plus rien. »

« Il y a quelque chose de caché, d'obscur dans cette union ou mariage des matières. Ceci ne peut donc prouver qu'une opération alchimique. »

De l'ouvrage de la nature, et des Eaux au-dessus et au-dessus du Firmament, et d'une partie de ce qui se passe et se voit dans l'œuf des philosophes, pendant la coction de leur mercure philosophal.

« L'ouvrage pour faire la pierre philosophale se distingue en ouvrage de l'art ou travail manuel, et en ouvrage de la nature. Le premier dure environ

---

21. « Cette même terre ou Mercure, qui ayant été vide et sans beauté, fut, par ce meurtre, rendue belle, peine de perfections et propre à la génération métallique : ayant été imprégnée de la forme solaire masculine. »

cinq ou six mois, le second celui de la nature neuf mois, et le troisième qui est aussi de la nature, quatre, six ou sept mois, selon la volonté ou le temps de l'artiste. »

« Et c'est au commencement de l'ouvrage de la nature qui dure neuf mois, ou celui de la coction du *mercure philosophal* dans l'œuf ou on ne voit qu'eaux dans le globe : et que ces eaux montent en vapeurs, redescendent en bruine, et retombent sur celles qui sont au bas ou au fond du globe, et qu'alors cette opération de la nature nous prouve et nous démontre bien que les eaux supérieures, desquelles le paradis céleste est composé, sont séparées par le firmament ou ciel, de celles qui avec la terre forment le paradis terrestre ou globe, quoique toutes les deux sortent du même principe, de la même racine, et que leur différence ne soit et ne consiste que dans leur pureté. Alors c'est une vérité reconnue par tous les philosophes hermétiques, qu'il y a des eaux au-dessus et au-dessous du firmament divin et aussi de celui des alchimistes, et que le paradis céleste n'a été formé que des eaux les plus pures, les plus raréfiées, et le globe ou paradis terrestre des autres. »

Du Déluge universel.

Le déluge de la Genèse, par Moïse, et le déluge des philosophes hermétiques sont deux déluges qui n'en forment ou n'en font qu'un de véritable.

Après que les eaux du déluge, par Moïse, furent diminuées et presque séchées par les vents que Dieu fit souffler, et que la terre parut un peu, Noé ouvrit la fenêtre de l'arche, et laissa aller le corbeau, qui, étant sorti, ne revint plus.

Sept jours après que le corbeau fut sorti, Noé fit sortir la colombe pour voir si les eaux avaient cessé de couvrir la terre ; mais la colombe n'ayant pu trouver où mettre les pieds, parce que la terre était encore un peu couverte d'eau, elle revint à lui, et Noé étendant le bras le prit et la remis dans l'arche. Il attendit encore sept autres jours, et il renvoya de nouveau la colombe hors de l'arche ; elle revint à lui sur le soir, portant dans son bec un rameau d'olivier dont les feuilles étaient toutes vertes.

Noé reconnu alors que les eaux s'était retirées de dessus la terre. Il attendit encore sept jours, et il renvoya de nouveau la colombe qui ne revint plus à lui. Et le vingt septième jour du second mois la terre fut toute sèche.

« Alors de même les eaux du déluge des philosophes hermétiques sont toutes changées en terre par la vertu du feu naturel formateur. »

« Notez bien que le corbeau représente la couleur noire, ou la putréfaction des principes élémentaires des deux mercures (ou des eaux formant le déluge hermétique) que le philosophe a mis dans l'œuf, et qu'alors la terre commence à paraître un peu. »

Le corbeau trouva donc de la terre sur laquelle il pouvait rester, aussi il ne revint plus dans l'arche. « Ce qui est essentiel, et qui doit arriver pour la réussite de l'ouvrage d'alchimie, parce qu'il faut que le corbeau ne rentre plus dans l'arche hermétique, et que la couleur noire ou putréfaction ne se répète pas ; et cette couleur noire n'est parfaitement noire que le cinquantième jour. »

La colombe que Noé fit sortir de l'arche sept jours après le corbeau, ne trouva rien d'assez sec, aussi elle revint à lui, ce qui obligea Noé à la renvoyer de nouveau sept autres jours après, et le soir même elle revint à lui, portant dans son bec un rameau d'olivier dont les feuilles étaient toutes ver*tes*.

« Ceci nous prouve qu'à la fin de la couleur noire, ou de la putréfaction de notre mercure, ou des eaux du déluge des philosophes, les couleurs *bleue, jaune, orangée* et *verte* se présentent un peu et forment *l'arc-en-ciel hermétique*. »

Noé renvoya de nouveau la colombe pour la troisième fois, laquelle ne revint plus à lui.

« Cela nous montre qu'aux couleurs *bleue, jaune, orangée* et *verte* (qui est celle qui dure plus que les autres), il n'y a plus d'humidité dans l'œuf des philosophes, que les eaux se sont terrifiées, et que la couleur blanche va commencer à se montrer. Et la *couleur verte* qui paraît alors, marque que la pierre des philosophes *a une âme végétative* (ce qui referme un mystère d'alchimie), qui prépare et précède *la blanche*, couleur principale. »

Après le déluge de la Genèse, par Moïse, ou sa fin, Dieu fit et établit une alliance avec les hommes qui en avaient été sauvés, et promit de ne plus faire périr par les eaux tout animal ayant vie, parce que, dit-il, il n'y aura plus de déluge qui extermine la terre. — Voici le signe d'alliance que j'établis pour jamais entre *moi* et *vous*, ainsi qu'avec tous les animaux qui sont avec vous. Je mettrai mon *arc-en-ciel* dans les nuées, afin qu'il soit le signe de l'alliance que j'ai faite avec *la terre*.

Quel est celui qui croira que le Créateur de l'univers a fait une alliance avec *la terre*, son ouvrage ?

C'est avec les hommes qu'il aurait fait l'alliance, si toutefois Dieu en avait fait une.

« Ici ce sont les deux mercures, ou les eaux formant le déluge hermétique, qui alors sont réduites en terre ou *médecine universelle blanche*. »

« Moïse, comme philosophe hermétique, n'a pas cru devoir s'expliquer plus clairement. »

Et lorsque j'aurai couvert le ciel de nuages *mon arc* paraître dans les nuées, et je me souviendrai de l'alliance que j'ai faite avec vous, et toute âme qui vit et anime la chair (il fallait dire esprit), et il n'y aura plus à l'avenir de déluge qui fasse périr dans ses eaux toute chair qui vie.

« Le déluge des philosophes hermétiques a aussi *son arc-en-ciel* qui prouve à l'artiste que les eaux se sont retirées, et qu'il n'y aura plus de pluie, et que les vapeurs qui montaient au plus haut du globe ou œuf, et descendaient en pluie ont cessée, et que *l'arc-en-ciel d'alchimie*, visible dans le globe de verre ne se montrera plus, parce que toutes les eaux formant le déluge hermétique se sont changées *en terre fixe, blanche, ayant vie*. »

Si l'histoire grecque ni latine ne parlent pas du *déluge universel* (comme le dit saint Augustin), il ne faut prendre le déluge de la Genèse de Moïse, que comme une allégorie hermétique ; ce que nous croyons avoir prouvé par tout ce que nous avons dit.

À MES SEMBLABLES, ANCIENS ET MODERNES VOYAGEANT SUR LA TERRE

J'aurai pu dans ce présent cours d'alchimie, ou aucune opération manuelle n'a été cachée, y joindre le moyen de faire *la pierre philosophale* avec la moitié moins de temps qu'on y emploie.

J'ai lu dans les ouvrages des philosophes hermétiques que deux philosophes seulement y sont parvenus   mais n'ont pas écrit la manière d'y faire parvenir les autres ; ils ont gardé la découverte pour eux-mêmes.

Moi j'ai eu une raison forte qui m'a empêché d'en montrer le moyen. On me taxera peut-être de jaloux, mais si on fait bien attention à mes dix neuf leçons on verra que je ne suis point, puisque je croîs m'être trop bien expliqué, m'être rendu trop clair.

Cependant si je puis parvenir à trouver un de mes semblables, et qu'il veuille m'accorder son amitié, pour lui donner une preuve de la mienne, je lui montrerai la manière d'abréger de moitié le temps pour faire l'ouvrage de la philosophie naturelle que je ne tiens que de Dieu.

J'ai près de quatre vingt ans, mes forces sont tellement affaiblies, que je serai forcé malgré moi, si mes semblables ne me fortifient pas, de prendre un amateur jeune et fort pour faire les premières opérations, ne pouvant pas les faire moi-même, ce qui me forcera à montrer ce que j'ai toujours caché ; à quoi je ne serai pas obligé, si mes semblables me traitent comme leur égal.

TROISIÈME ADDITION

Faisant aussi suite de la deuxième note de la quatrième leçon, et comme la première et la deuxième (aussi en dehors de l'Alchimie) : traitant de l'union des deux semences, du mâle et de la femelle ; formant la semence première du règne animal : et de ses résultats parfaits ou imparfaits.

Le feu naturel contenu dans la semence de mâle et le feu innaturel contenu dans celle de la femelle, par leur grande force, sont tous les deux si enclin à se multiplier, qu'ils portent souvent l'homme et la femme à s'unir charnellement. Alors dans ce combat d'amour, dans cette union charnelle, on pourrait dire qu'il y a défi, désir de vaincre, de se surpasser en force pour procréer leur semblable.

Par l'union des ces deux semences, qui ont un feu chacune contraire en qualité, est formé un compost qui devient première semence, ou le chaos du règne animal. Ce chaos ou *première semence* contient le feu de *contre nature*, et n'acquiert parfaitement la vertu de se multiplier que par la fermentation ; et cette fermentation ne se manifeste, ne s'opère qu'après que la femelle, pendant son union, a reçu dans sa matrice le feu naturel formateur que le mâle lui injecte ; lequel s'unit avec son sang menstruel et forme le compost, et les esprits vitaux qui étaient contenus séparément dans chaque nature sont, par leur union, fortement augmentés dans ce compost ou chaos. — Alors la forme, ou feu naturel du mâle ou semence masculine, est dissoute et dévorée par la vertu corrosive de la semence menstruelle ; et le germe animal n'en est produit, que quelques jours après, que par la vertu et effet de la putréfaction du compost contenant le feu de *contre nature* formé par le mélange des feux contraires en qualité. Ce qui alors occasionne à la femelle des maux d'estomac et de crachements, et démontre que le germe animal se développe et que le produit qui doit en résulter ne peut être que parfait. — Mais si, au contraire, la fermentation des deux semences formant le compost ou chaos animal est poussée au troisième degré, qui est la corruption, par sa trop grande action, le compost produit par l'union des deux semences est détruit, ainsi que le germe qu'il devait produire : et le résultat n'est alors qu'un faux germe, une masse charnelle non propre à rien, se nourrissant et s'augmentant, comme l'enfant qui en devrait naître, du même sang menstruel dont il a été produit. Alors la nature a dépassé ses bornes, s'est égarée et a suivi une mauvaise route.

Abrégé de ce qui a été dit dans les trois additions précédentes, traitant de trois vies en l'homme, animal parfait.

L'homme animal imparfait n'est animal parfait que quand il a reçu deux animations : la première terrestre, l'autre céleste.

La première terrestre, qui le fait animal imparfait et lui donne la première vie, est un esprit élémentaire.

La deuxième, qui le fait et le rend animal parfait et lui donne la deuxième vie, est un esprit céleste ; et cet esprit céleste ne peut s'unir et s'allier à la matière, ou corps terrestre, qu'après que celui-ci, *corps terrestre*, a reçu la première vie terrestre qui est un esprit élémentaire, lequel esprit facilite l'union de ces deux extrêmes. Et cette deuxième animation ou deuxième vie n'est envoyée par Dieu, à l'animal imparfait que pour l'animer célestement, le rendre animal parfait, digne de lui, et le différencier des autres animaux qui n'ont en eux que la première vie matérielle ou esprit élémentaire.

Et cette deuxième animation ou deuxième vie, qui a rendu l'homme d'animal imparfait, animal parfait, n'a pu s'opérer que par un moyen ou milieu, qui n'est que part la vertu et pouvoir de l'esprit terrestre «élémentaire ou première vie de l'animal imparfait ; lequel, tenant comme esprit terrestre élémentaire du haut et du bas, a pu allier et unir les extrêmes : *l'esprit céleste* avec le *corps terrestre*. — Cette alliance et union de la matière ou du corps terrestre, avec l'esprit ou âme céleste, n'a pu, comme je l'ai dit, s'opérer que par l'esprit terrestre ou première vie. Quand cette union a été faite, l'homme animal parfait a réuni deux vies ; lesquelles n'ont été produites en lui que par l'union du corps terrestre avec l'âme ou esprit céleste. Et ces deux vies ou ces deux esprits réunis en forment toujours ou en produisent aussi une troisième vie en lui ; laquelle est dans sa semence pour sa propre multiplication : alors l'homme animal parfait a trois vie en lui.

Nous ajouterons à tout ce que nous avons écrit dans cet ouvrage d'Alchimie, plusieurs extraits essentiels composés par les philosophes mes prédécesseurs : ils seront utiles aux amateurs, commençons, à travailler à l'Alchimie ou science occulte.

I

Fils de la science, si vous voulez faire la conversion ou la transmutation des corps, d'imparfaits en parfaits, si cette transmutation se peut faire par quelque matière que ce puisse, il faut nécessairement qu'elle se fasse par les esprits. — *Hermès.*

II

L'âme ou teinture des métaux est très nécessaire pour l'œuvre. Pour se la procurer, il faut ouvrir les métaux et saisir par un ret fin cette âme qui en sortira. — *Hermès.*

III

Toute chose au commencement de laquelle vous n'aurez point vu la vérité, est tout à fait trompeuse et inutile. — *Morien.*

IV

On ne fera point le magistère si on ne sait pas réduire le soleil et la lune en un seul corps. — *Morien.*

V

Cette pierre est enveloppée de plusieurs couleurs qui la cachent ; mais il n'y en a qu'une seule qui marque sa naissance et son entière perfection. Connaissez qu'elle est cette couleur et n'en dites jamais rien. — *Hermès.*

VI

Mon fils, prenez l'or mâle, submergez-le dans son sang menstruel, et séparez-le de sa rouille qui le tue, et rendez-le vivant et libre ; puis, continuez et l'aidez à se tirer d'une seconde affliction après l'avoir tiré d'une première. Alors vous vous serez fait un ami qui vous sera très reconnaissant. — *Hermès.*

VII

La pierre que l'on extrait du soleil et de la lune, par un moyen tout naturel, et que l'on rend visible et palpable, est une pierre que l'on doit honorer.

Elle est cachée dans les cavernes ou dans le profond des métaux parfaits ; sa couleur la rend éclatante ; elle a une vie qu'elle manifeste à l'artiste, qui lui sert de sage-femme. Son éclat et sa beauté démontrent parfaitement que c'est une âme ou un esprit sublime, et une mer ouverte, sur laquelle le philosophe doit voyager, et faire attention de ne pas faire naufrage s'il veut parvenir à jouir de tous les biens qu'elle renferme en elle. — *Hermès*.

VIII

La pâte ne peut être fermentée sans levain. De la terre fixe faites-en de l'eau, jusqu'à ce que l'élixir en résultant devienne ferment, comme la pâte devient levain par le levain que l'on a mêlé avec elle.

IX

Lorsque le pur laiton est cuit par un fort feu, et qu'il paraît luisant comme sont les yeux du poisson, alors on doit espérer qu'en cet état il pourra retourner à sa nature première.

X

La première opération du magistère c'est l'accouplement ; la seconde, la conception ; la troisième, la grossesse ; la quatrième, l'enfantement ou accouchement ; la cinquième, la nourriture. S'il n'y a point d'accouplement, il n'y aura point de conception ; n'y ayant point de conception, il n'y aura point de grossesse ; n'y ayant point de grossesse, il n'y aura point d'accouchement. L'ordre de cette opération ressemble à la production de l'homme. — *Morien*.

XI

Sachez que le magistère a besoin d'être créé et fait deux fois, et que ce sont deux actions, et deux opérations tellement liées l'une avec l'autre, que quand l'une est achevée, l'autre commence, et tout s'achève en elle.

XII

Il n'y a qu'une seule première et principale substance, qui est la matière du magistère ; que cette matière se fait un ; que cet un est fait avec elle, et que l'on n'y ajoute ni n'en ôte quoique ce soit. — *Morien.*

XIII

La pierre, quoiqu'elle naisse de la destruction des métaux, elle leur est antérieure, puisqu'elle est la matière dont tous les métaux ont été formés. Le secret de l'art consiste à savoir extraire des métaux cette première matière ou germe métallique qui doit végéter par la fécondité de l'eau de la mer philosophique.

XIV

Il faut que l'humidité des corps parfaits, qui est la première matière de laquelle ils ont été faits, revienne et paraisse, et que ce qui est caché soit rendu apparent et manifeste. C'est là ce qu'on appelle réincruder les corps, c'est-à-dire les décuire et les ramollir jusqu'à ce qu'ils soient dépouillés de leur corporalité dure et sèche ; d'autant que ce qui est sec n'est ni entrant ni tingent, n'ayant de teinture que pour soi seulement. Et on ne parvient à ce ramollissement qu'après avoir uni le fixe avec le fuyant par le moyen de la première eau dissolvante, et après avoir fait et composé un des premiers chaos, et avoir rendu Cambar manifeste.

XV

Les corps du soleil et de la lune étant dissous par notre eau, sont appelés argent vif. Or, cet argent vif n'est point sans soufre, ni le soufre sans la nature des luminaires, c'est-à-dire du soleil et de la lune, parce que ces luminaires sont, quant à la forme, les principaux moyens ou milieux par lesquels la nature passe pour parfaire et pour accomplir sa génération. Et cet argent vif s'appelle le sel honoré animé, et engrossé, et feu, parce que ce sel n'est qu'un feu, et le feu n'est qu'un soufre, et le soufre n'est qu'un argent vif qui a été tiré du soleil et de la lune par notre eau, et réduit en une pierre de haut prix. Je veux dire que c'est la matière des luminaires, laquelle a été altérée, changée et élevée d'une condition vile et basse à une haute noblesse. Remarquez que ce soufre blanc est le père des métaux ; et leur mère, que c'est notre mercure, la mine d'or, l'âme, le ferment, la vertu minérale, le corps vivant, la médecine parfaite, notre soufre et notre argent vif. C'est-à-dire qu'il est le soufre du soufre, l'argent-vif de l'argent vif, et le mercure du mercure.

XVI

L'or contient tous les métaux en perfection ; c'est lui qui les vivifie, parce que c'est lui qui est le ferment de l'élixir ; et ce dernier ne peut être parfait sans avoir passé par toutes ses couleurs.

XVII

Le laiton est une partie principale de l'eau permanente, et il est sa teinture. Et, sachez que les temps de la terre sont dans l'eau, et que l'eau se fait toujours jusqu'à ce que vous mettiez la terre sur elle.

XVIII

Le soufre a en lui deux différentes substances : sa partie inflammable doit être séparée et détachée de celle qui ne l'est pas, ainsi que les fèces ou impuretés terrestres.

XIX

Il faut ôter au mercure une substance terrestre, impure, et une humidité ou aquosité superflue et volatile, lesquelles s'évaporent au feu sans s'enflammer (et qui ont été unies aux principes de leur composition ; et c'est la terrestréité de leur soufre et l'impureté de leur argent-vif : les autres impuretés ne surviennent à cette première mixtion, ou premier mélange de leurs principes, qu'après). Cette opération ne peut se faire que par la sublimation, le feu élevant et consumant tout ce qui est volatile. Il n'y a aussi que sa moyenne substance toute seule qui soit utile, qui a la propriété de ne se point brûler ni se consumer au feu, et qui fixe ce qui a été uni de volatil en elle, et empêche les corps auxquels elle s'unit, d'être brûlés, puisqu'elle demeure et persévère dans le feu.

XX

Gardez donc l'argent-vif qui se fait dans les lieux ou cabinets intérieurs, c'est-à-dire dans les principes des métaux qui en sont composés, et dans lesquels il est coagulé ; car c'est là cet argent-vif que l'on dit être de la terre qui reste.

XXI

Cette pierre s'appelle la pierre des sages, qu'il faudra mettre dans un feu humide, dans lequel ses vertus se multiplieront.

XXII

Je dis de plus que le soufre teint et fixe, et qu'il est contenu et renfermé, et qu'il se fait par l'union des teintures.

XXIII

Les soufres qui conviennent à notre œuvre sont célestes et terrestres. Le mâle est le ciel de la femelle, et la femelle est la terre du mâle ; ils ont besoin l'un de l'autre ; car le médiocre est le meilleur, parce qu'il n'y a que les choses médiocres et tempérées qui s'unissent.

XXIV

Les biens que vous renfermez en vous, ô notre élixir, sont inappréciables, divins ; et c'est en vous seul que les philosophes hermétiques, mettent leur espoir.

XXV

Le magistère ne se découvre, ni ne s'obtient ni par violence, ni par menaces, et qu'il n'y a que ceux qui aiment Dieu qui puissent l'acquérir ; car Dieu ne révèle cette divine et pure science qu'à ses fidèles serviteurs, qui ne doivent le confier à personne. — C'est un don de Dieu qu'il ne donne qu'à qui il lui plaît, lesquels doivent s'humilier devant lui, en lui en donnant de continuelles marques de gratitude, de soumission et d'amour. Ils doivent se convaincre toujours qu'ils ne tiennent un si grand bien que de lui seul, et n'en user que selon les ordres de sa sainte volonté, et la tenir toujours secrète dans leur cœur, lorsqu'ils l'auront découverte.

XXVI

Ces secrets doivent être cachés à tous les méchants.

FIN

TABLE DES MATIÈRES